体育科授業サポートBOOKS

〇×マンガでわかる！

体育授業が必ずうまくいくマネジメント術

小林治雄 著
Kobayashi Haruo

明治図書

はじめに

　体育の授業に関する本は，数多く出版されています。体育科教育のスペシャリストの方が書かれているだけあって，どの本を読んでも，「そういう運動のさせ方があるのか」など新たな発見が多くあります。

　私は，子どもの頃や学生時代にスポーツで活躍したわけではありませんし，大学で運動や体育について専門的に学んできたわけではありません。だから，体育の授業に関する本を読んだり，体育の公開授業を数多く参観して授業のつくり方や運動のさせ方・教え方などを学びました。そして，学んだことを授業に生かしてきました。でも，なかなか子どもたちの運動感覚や運動技能を身に付けさせることができるような授業ができずに困ることが多くありました。

　子どもたちの運動感覚や運動技能，体力を伸ばすには，「楽しく運動できること」「安心して運動できること」が大切だと考えます。今回，このような執筆の機会をいただき，自分が行っている体育授業の特徴が伝わる本に仕上げたいと思いました。

　さて，老子の言葉に「授人以魚　不如授人以漁」というものがあります。「魚を与えれば，1日食べていける。魚の採り方を教えれば，一生食べていける」という意味です。

　私は，この本を「魚の採り方」を伝える本にしたいと思っています。そこで，1つの運動の紹介よりも，いろいろな領域に生かすことができる体育授業の「授業マネジメント」や「学習規律」，「授業の雰囲気づくり」について書くことにしました。

　ちなみに，私が体育授業で意識していることは，「みんなで」「わかる」「できる」「つなぐ」です。この本を手に取ってくれた先生方の体育授業に，1つでも生かすことができるものがあれば幸いです。

2016年4月

新潟市立山田小学校　小林　治雄

もくじ

はじめに 3

第1章 体育授業をつくる基礎基本

▶ 体育授業で大切にしていること
1 点と線という考え方 8
2 3つの約束 10

▶ 1時間の授業の進め方
3 組み合わせ単元でじっくり動きづくり 12
4 2段階の手立てで「わかる」と「できる」をつなぐ 14
5 意識すべき4つのこと 16
6 授業マネジメント力の高め方 18

第2章 ○×マンガでわかる！体育授業マネジメント50

▶ 体育授業の始め方
1 授業前ランニングで心身をウォームアップさせる 22
2 時間通りに集合・整列を習慣化する 24
3 かけ足集合で授業にリズムをつくる 26
4 目の前に空間が広がらない場所で集合させる 28
5 日光の向きを考えた場所で集合させる 30
6 集合場所を固定する 32
7 「困っていること」から学習課題をもたせる 34
8 集団行動を身に付けさせる 36

9　「得点化」で競争・協同意識を生む　40

▶ 場づくりのテクニック

10　用具の準備と片付けは全員で行う　42
11　用具の準備と片付けは図で示す　44
12　用具の準備と片付けの時短テクニック　46
13　はしご方式のコートで技能差サポート　48
14　目的別にコートを設定する　50

▶ 話し方・声かけのテクニック

15　「、」は少なく，歯切れよく話す　52
16　注目のさせ方・惹き付ける話し方　54
17　目線の高さを使い分ける　56
18　「イメージ言葉」で動きのイメージをもたせる　58
19　見せる・聞かせる姿勢を使い分ける　60
20　一斉指導はタイミングを図る　62
21　1回に1つの内容を指導する　64
22　具体的にほめる　66
23　ほめる視点を多くもつ　68
24　具体的に叱る　70
25　示範・試技は見る観点を明らかにする　72
26　示範・試技は見せ方を意識する　74

▶ 学び合いのテクニック

27　チームで行う運動の学びの基本　76
28　個性を生かしたチームをつくる　78
29　その場で等質なチームをつくる　80
30　目的別に話し合いの人数を設定する　82

- 31 話し合いの内容を設定する 84
- 32 話し合いの形を使い分ける 86
- 33 声のお手伝い（応援・かけ声）でかかわりをつくる 88
- 34 手（動き）のお手伝いで「できる」を引き出す 90
- 35 声と手のお手伝いで「できる」「わかる」を引き出す 92

▶ カード・掲示・ノートのテクニック

- 36 学習カードのポイントは３つに絞る 94
- 37 学習カードの画像はポイントに合わせる 96
- 38 場づくりの掲示では効果を示す 98
- 39 掲示物は学びの中心を明らかにする 100
- 40 板書で授業の見通しを示す 102
- 41 体育ノートで蓄積・定着させる 104

▶ 評価のテクニック

- 42 技能はチェックで評価する 108
- 43 思考・判断はエピソードで評価する 110

▶ 領域別・授業づくりのテクニック

- 44 体つくり運動領域 112
- 45 器械運動領域 114
- 46 陸上運動領域 116
- 47 水泳領域 118
- 48 ゲーム領域 120
- 49 表現運動領域 122
- 50 保健領域 124

おわりに 126

第1章

体育授業をつくる基礎基本

点と線という考え方

▶どうしてできるようにならないのか…

　自分の授業を振り返ってみると，主運動を中心に，それにつながる運動を前半に入れるという授業をほとんどの領域で行っていました。
　私は，主運動につながりそうな運動負荷の軽い運動から行っていました。体育授業に関する本を参考にしながら，だいたいこれでできるようになるだろうと思っていました。
　いざ，授業を行ってみると，これが全くうまくいかなかったのです。私は，「どうして子どもたちはできるようにならないのか…」と頭を悩ませました。

▶何を身に付けさせるのかを意図して行う

　子どもたちは，その領域の運動に取り組ませても，突然できるようにはなりません。そこで，様々な動きを習得させることができる「体つくり運動」を特に大切にしようと考えました。
　体つくり運動は「動きつくり」を大切にしています。たくさんの動きを身に付けさせることで，他の運動領域においてできることを増やせるのではないかと考えました。これが，私の体育授業における「点」と「線」の考え方のもととなりました。

▶▶「点」をつけて「線」でつなぐという考え方

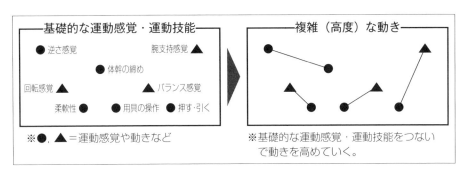

動きの習得のイメージ

　この図のように，私は，基礎的な運動感覚や運動技能を「点」，複雑（高度）な動きを「線」と考えました。

　主運動には，どうしても複雑かつ高度な動きが必要となることが多いです。そこで，体つくり運動において，この先，学習する運動で必要になる動きを身に付けさせたり，授業の前半にある感覚づくり運動や練習ゲームなどで主運動に必要となる基礎的な動きを強化したりすることにしました。これが「点をつける」です。

　この「点」を，主運動を行う際に，「●しながら▲をする」というように，2つ以上の動きを組み合わせます。これが「線でつなぐ」です。

　このように考えることで，自分の授業は，「点をつけているのか」「線でつないでいるのか」を意識できるようになりました。この意識の変化によって，「●の動きと▲の動きができれば，この運動はできるようになりますよ」と，子どもに具体的に伝えることができるようになりました。

　また，この考え方は，「下学年時に点を増やして，上学年時にその点と点を線でつなぐ」という体育の学びを系統立てて考える際にも役立っています。

2 3つの約束

▶教師が目指す授業を子どもにイメージさせる

　みなさんは，体育の授業開きの際，子どもたちにどんなことを話していますか。
　「楽しく運動しましょう」という言葉かけもよいと思いますが，教師が大切にしていきたいことや，そのために守ってほしいこと（約束）について伝えることはとても大切だと思います。
　ここで気をつけてほしいのは，子どもとの約束だけを伝えるのではなく，その約束の必要性を確実に伝えてほしいのです。それは，教師からの要求だけでは，子どもは守ろうと思わないからです。

▶後づけされた約束は，なかなか定着しない

　授業をしていくと，「あ，こんな約束も必要だ」「こんなことも約束するといいかも」など，約束を追加したくなることがあります。
　追加しても全く問題ないのですが，私の経験上，後から追加された約束は，なかなか定着しないことが多かったように思います。また，何が大切かを確実に定着させるには，約束は３つが適当であると考えます。覚えることもでき，守られなかった際に想起させることも容易だからです。

▶3つの約束とその意味

私が大切にしている3つの約束はこれです。

1　全力で運動する
2　考えて運動する
3　友達と協力する

この3つの約束は，運動学習や認知学習，授業準備や片付け，そして，学級の雰囲気づくりなど，体育授業における様々な場面に生かすことができます。次に，約束の意味を，私が子どもに伝えている言葉で紹介します。

1　全力で運動する

体育は，自分の体の動きをよくしたり，体力を高めたりする教科です。だから，全力で運動してください。そうすると，自分に必要な動きや体力を身に付けたり，高めたりすることができます。

2　考えて運動する

ただ運動するだけでは，できる動きを増やすことはできません。どうすれば動くことができるようになるかという動きのこつを考えることでできることを増やせるのです。

3　友達と協力する

体育の学習は，自分一人だけでなく，友達と一緒に運動することがとても多いです。チームで行うボールゲームだけでなく，器械運動や陸上運動など一人で行う運動でも，友達から動きを見てもらうなど，友達と協力し合うことが多いです。だから，いつでも友達と協力し合うことができるように，準備や片付けも友達と一緒に行いましょう。

3 ▶ 1時間の授業の進め方
組み合わせ単元でじっくり動きづくり

▶組み合わせ単元のよさ

　私が,「組み合わせ単元」と出会ったのは,筑波大学附属小学校の研究会においてです。「1時間に2単元?」「どんなふうに授業を進めるのか?」と興味をもって授業を参観しました。
　1時間に2単元という授業展開は,とてもメリハリがあり,子どもを飽きさせる(運動意欲を低下させる)ことがありませんでした。初めて目にして,私は衝撃を受けました。

　組み合わせ単元のよさは,授業展開だけではありません。例えば,5時間で行う単元の場合,1時間1単元では,授業が5時間で終わってしまうため動きがなかなか定着しません。しかし,1時間に2単元であれば,倍の10時間授業を行うことができるため,動きの定着も望めます。
　動きや体力は長い時間をかけて身に付いたり,高まったりしていくことが望ましいです。それは,短期間に身に付けた動きは,すぐに感覚が鈍ってできなくなってしまったり,短期間のうちに高めた体力は,すぐに落ちてしまったりすることがあるからです。
　この組み合わせ単元のよさを自校の指導計画に生かすことが,とても大切になってきます。

▸組み合わせ単元を自校の指導計画に取り入れる

　組み合わせ単元のよさがわかっても，どのように自校の指導計画に取り入れればよいかが問題です。

　私が指導計画に組み合わせ単元を取り入れる際に意識していることは，**「異なる体力要素を必要とする運動同士を組み合わせる」「ボール運動は組み合わせ単元では行わない」「移動などの動線に無理がない」**の3つです。

　全ての指導計画を一気に変えることが難しいのであれば，これとこれは組み合わせで行うなど全校で1つだけでも決めるとよいと思います。

月	4月⑩	5月⑩	6月⑬	7月⑨	9月⑨
5年 領域・種目	(体つくり運動) 体ほぐしの運動③ / (陸上運動) 短距離走・リレー⑦	運動会③ 陸上② 体ほぐし① / (表現運動) フォークダンス③ / 走り幅跳び・走り高跳び ハードル走⑦	(ボール運動) ゴール型ゲーム⑦ サッカー	水泳⑩	(器械運動) 鉄棒運動⑤ / (表現運動) 表現⑤
6年 領域・種目	(体つくり運動) 体ほぐしの運動③ / (陸上運動) 短距離走・リレー⑦	運動会③ 陸上① 表現② / (表現運動) フォークダンス③ / 走り幅跳び・走り高跳び ハードル走⑦	(ボール運動) ベースボール型ゲーム⑦ ティーボール	水泳⑩	(表現運動) 表現④ / (器械運動) 鉄棒運動④

　これは，私の勤務校の高学年前期の年間指導計画です。ボール運動以外は，組み合わせ単元で行うことができるようにしてあります。

　絶対に書かれた全ての単元を組み合わせで行うわけではなく，授業者が組み合わせ単元で行うかどうかを決めて授業を進めることができるようにしています。

4 2段階の手立てで「わかる」と「できる」をつなぐ

▶▶体育授業に大切な要素「楽しむ」「わかる」「できる」

　体育の授業は,「楽しむ」をベースに,運動のこつが「わかる」ことと,そのこつを生かして「できる」ようになることが理想的であると考えます。つまり,体育授業に大切な要素は,「楽しむ」「わかる」「できる」と言えます。

　「楽しむ」「わかる」「できる」は,それぞれ次のように考えます。

1　「楽しむ」について

　「楽しむ」とは,児童全員が運動を満喫することです。そのための工夫を授業の中に取り入れることを大前提とします。これが,「できる」「わかる」ための手だてを支えるものと考えます。

2　「わかる」について

　「わかる」とは,運動教材や運動技能についての知識・理解を深めることです。また,深めた知識をもとにして思考・判断を促進させていくことでもあると考えます。

3　「できる」について

　「できる」とは,児童が基礎的な運動感覚や動きを身に付けた状態です。または,向上させつつある状態であると考えます。

▶「楽しむ」をベースに「わかる」と「できる」をつなぐ『学びの道筋』

　私が新潟市小学校教育研究協議会体育部で研究推進委員長を務めていたときに，この『学びの道筋』を提案しました。

　この『学びの道筋』は，児童の実態の把握を丁寧に行った上で，「わかる」と「できる」をつなぐというところが大切になります。

　授業後には，手立て①で自分の動きの状態を知ることができていたか。その後の手立て②の「できる」と「わかる」をつなぐ手立ては子どもの実態に合っていたのかなどについて振り返り，よりよい授業に向けての改善を図ります。

　自分の授業を実践を通して改善していくというスタンスは，自分の授業をよりよいものにしていくためには大切であると考えます。

5 意識すべき4つのこと

▶▶情熱だけ,技能指導だけでは…

　私は,いつでも「楽しく運動しながら,技能を身に付けることができる授業がしたい」と思っています。

　でも,若い頃は,そのような授業ができませんでした。それは,「楽しく・技能が身に付くように」と強く思ってはいるものの,何をどうすればよいかがわかっていなかったからでした。

　ここでは,学習活動をスムーズに展開し,子どもたちの運動意欲を高めるとともに,学習成果を上げることができるような技術(授業マネジメント力)について述べたいと思います。

▶▶「授業マネジメント」は「授業の潤滑油」

　授業マネジメントは,「授業の潤滑油」であると考えます。さて,どのようにすれば,その力を高めることができるのでしょうか。それは,「子どもの立場になって考える」が一番のポイントです。

　ここで運動を止めたら,意欲は低くならないか…動きを習得させるために,本当にこの運動は効果的なのか…といったことを考えてみましょう。このような思考が,まずは大事であると考えます。

▶ 4つの視点とその意味

私が大切にしている4つの視点は次の通りです。

1　動きの習得に関わること
2　時間の配分に関わること
3　場づくりに関わること
4　仲間づくりに関わること

1は，身に付けさせたい動きを習得させるための基礎的な技能や感覚，指導の順序について考えたり，授業中に子どもの動きを評価し，適切にアドバイスしたりすることです。授業を行う前に，子どもの実態を把握して指導の仕方を決めることにより，運動中の子どもへの即時評価・助言がうまくできるようになります。

2は，1時間のどの運動にどのくらいの時間をかけることが効果的かについて考えることです。運動意欲を高めたり，基礎的な技能や感覚を身に付けさせたり，身に付けさせたい動きを習得させたりする時間がどのくらい必要かを考えます。

3は，動きを身に付けさせるために，どのような場を設定すると効果的かについて考えることです。その際は，指導する内容と場がリンクする必要があります。

4は，学習効果が上がるペアやチーム構成を考えることです。ただ運動能力を均等にするだけで考えるのではなく，運動意欲や発言力，思考力などを総合的に判断することがポイントであると考えます。

1時間の授業を考えるときは，これら1～4のつながりを意識することが大切です。

6 授業マネジメント力の高め方

▶まずはここから1　子どもを見る

「後ろの方で数人の友達と固まっていて，なかなか運動に取り組まない子ども」「難しい顔をして同じ運動をしている子ども」を目にしたときに，みなさんはどのような声をかけますか。それ以前に，そのような子どもがいることを把握できていますか。

マネジメントの力を高めるためには，まず，子どもを見て，実態を把握することが第一であると考えます。それは，実態によって，指導や助言の仕方，時間や場の設定などが決まってくるからです。

▶まずはここから2　動きを知る

「動きを知る」ということは，「運動のポイントを知る」ことと捉える先生が多いことと思います。しかし，「動きを知る」とは，それだけではありません。

運動のポイントという文からは読み取れないこと…つまり，「力の入れ具合」や「力を入れるタイミング」を知ること，さらに，「その動きの運動強度（身体にかかる負荷）」について知ることを「動きを知る」と考えています。

▸授業マネジメントの力を高めるために

　私は，授業マネジメントの力を高めるには，３つのことを続けることが大切であると考えます。

１　子どもの目線に立つこと
　まずは，授業で取り上げる運動を行ってみるとよいと思います。「動きの負荷はどれくらいか」「動きのポイントは何か」などがわかります。
　どんな基礎的な技能や感覚が必要かや習得に向けてのスモールステップなどがわかります。頭で考えるだけでなく，実際に動いてみるとわかることがたくさんあります。

２　授業における動きの習得や動線をイメージすること
　実際に動いてみた経験をもとに，どのような運動を行うことで目指す動きを身に付けることができるのかを考えます。また，場づくりについても「指導とのつながり」だけでなく，「運動の頻度の保障」なども意識した方がよいです。

３　自分の授業を振り返ったり，他人の授業を見たりして改善を行うこと
　１や２を１回行うだけでは，授業マネジメントの力は高まりません。授業を行って，「子どもは動きを身に付けたか」「動きについての即時評価・アドバイスは適切だったか」「場は動きの習得に有効だったか」などについて振り返ります。また，他の先生の授業を見て，「すぐれた授業マネジメント」を学んだり，自分の授業と比べたりするなどして，くり返し授業を改善していくことが大切です。

第2章

○×マンガでわかる！
体育授業
マネジメント50

体育授業の始め方

1 授業前ランニングで心身をウォームアップさせる

▶ランニングすることの意味

　授業前にランニングさせている先生は，たくさんいることと思います。では，どんな意図をもって行っていますか。また，ランニングすることの意味を子どもたちに伝えていますか。私が行っている授業前のランニングには，3つの意味があります。1つ目は，「ウォーミングアップ」です。2つ目は，「体の状態の自覚」です。3つ目は，「気持ちの切替」です。

▶大切なのは，教師も子どもも意味を感じること

　前述の授業前のランニングの意味を，もう少し詳しく説明すると次のようになります。

> ウォーミングアップ：体を温め，授業中のけがを少なくします。
> 体の状態の自覚：今の自分の体の状態を動きながら知ります。
> 気持ちの切替：今から体育をするという気持ちに切り替えます。

　「どうして授業前に走るのか」について，子どもたちに伝えておく必要があると考えます。こうすることで，教師も，子どもたちも，意味を感じながらランニングを行うようになります。また，短縄の授業では，かけ足跳びで走ったり，ボール運動の授業では，ドリブルしながら走ったりすることも基礎技能の習得の一助となります。

✗ ただ走らせるだけだと…

走る意味がわからないので、ただ走るだけになりがちになります。

○ 走る意味を伝えて「目的意識」をもたせる！

走る意味がわかった子どもたちは、目的意識をもって運動するようになります。

「授業前ランニングでウォームアップ」のポイント

- ランニングの後、体の状態（軽い・重たい）を聞く。
- 体の部位・関節の動き具合（開く・回る）や状態（硬い・柔らかい）など、詳しく聞くようにする。
- 体や体の部位の状態を話せた子どもには、自分の体のことをよくわかっていることをほめる。

2 時間通りに集合・整列を習慣化する

▶時間通りであることの大切さ

　時間通りに集合・整列することは，当たり前のことですが，体育授業の大切な学習規律の1つです。

　限られた授業時間の中で，動きを身に付けさせるには，授業のリズムが必要です。時間通りに集合・整列することで，リズムのある授業をつくりやすくなります。そして，何より，授業に対して，積極的に動く・学ぶ子どもが多く見られるようになります。

▶「時間通り」を実現するための第一歩

> 先生：「もう授業時刻過ぎてるぞー！」　子ども：「…」

　このような感じでは，積極的に動こう・学ぼうとする子どもの姿勢は生まれません。だから，子どもだけにさせるのではなく，教師も時間通りに集合・整列してほしいと思います。時間通りに集合・整列することは，「学んでいこう！」という姿勢の表れであると考えます。

　「時間通りに集合してくれるとたくさん運動できるからいいね」「みんなで楽しく運動する時間がたくさんできてうれしいよ」など，時間通りに集合・整列するという動きがどんなによいことを生み出すのかを明らかにして伝えるとよいです。

✗ 子どもも教師も「時間通り」の意識が低いと…

授業開始が遅れたり、叱ったりすることがあり、運動時間が減ります。

○ 時間通りに集合・整列するよさを明らかにすると習慣化する！

時間通りに集合・整列のよさを具体的に伝えたり、できている人をほめたりするとよいです。

「時間通りに集合・整列を習慣化する」のポイント

- 時間通りに集合・整列することのよさを伝える。
（「今日は〇人できていたね」など全員でなくても肯定的に伝える。）
- 教師にとってもうれしいということを伝える。

3 かけ足集合で授業にリズムをつくる

▶▶「集合はかけ足」がつくる授業のリズム

　体育授業で大切なことの1つは，前述の通り「授業のリズム」です。運動する，示範や試技を見る，場に分かれて動きをアドバイスし合ったり，グループで話し合ったりするなど，1時間の授業には，いろいろな場面があります。
　その場面と場面を時間のむだがないようにつなぐと，学習活動が連続する形になり授業にリズムが生まれます。そのつなぎ方の基本が「かけ足」であると考えます。ここでは，かけ足集合の定着のさせ方について紹介します。

▶▶「集合はかけ足」を定着させる

　「集合はかけ足」を定着させる方法はいくつかあります。一番簡単なのは，「集合はかけ足」だということを強制することですが，これでは継続しません。そこで，次のように働きかけで定着させてみましょう。
①かけ足で集まった子どもを大いにほめる。
②「イーチ！　ニー！　サーン！…」と数え，何秒で集まったかを伝える。
③「前回より早く集まれるかな？」と前置きしてから，秒数を数える。
④早く集まったことによる「よいこと（運動がたくさんできるなど）」について伝える。
　これらの手立ては，一見低学年向けと感じるかもしれませんが，高学年においても，年度初めなどに行っておくと，「集合はかけ足」が定着します。

✗ 集合はかけ足が定着しないと…

むだな時間が生まれ、授業をテンポよく進められません。

○ 「集合はかけ足」で授業にリズムをつくる！

むだな時間がなくなり、テンポよく授業を進めたり、運動時間を確保したりすることができます。

「かけ足集合で授業にリズムをつくる」のポイント

- かけ足で集合することのよさを伝える。
- かけ足で集合できた人を大いにほめる。
- 秒数を数えるなどして、ゲーム性を取り入れる。
- 「前より早く〜」など前置きして、意欲を高める。

4 目の前に空間が広がらない場所で集合させる

▶目の前に空間が広がるとよくないワケ

　みなさんは，体育の授業の集合場所をどこに設定していますか。体育館ではステージの前ですか。運動場では，防球ネットの前ですか。

　教師が話しているときに，教師の後ろの様子を目で追って教師の話をよく聞いていない子どもはいませんか。さて，この子どもたちはどうしてこのような行動をとるのでしょうか。それは，目の前に空間が広がっているからです。子どもたちの目の前には，教師の姿だけでなく，その後ろの風景があります。どうしてもその後ろの空間に目が向いてしまうのです。

▶集合に適した場所はどこか

　では，体育館や運動場で，目の前に空間が広がらない，集合に適した場所はどこでしょう。例えば…
・壁の前
・用具室の扉の前
・校舎の前
・防砂ネットの前
などが挙げられます。特に難しいのが，運動場だと思います。それは，道路に面しているところが多くあるからです。なので，体育座りをしてみるなど，子どもの目線で，見てみることをお勧めします。きっと，集合に適した場所を見付けられるはずです。

✗ 目の前に空間が広がる場所で話すと…

話を聞くことができない子どもが増え、教師が叱る機会も増えます。

○ 目の前に空間が広がらない場所だと、指示がよく通る！

話を聞くことができる子どもが増え、指示も通るため、運動学習の時間を確保できます。

「目の前に空間が広がらない場所で集合させる」のポイント

- 体育館では、壁の前、用具室の扉の前など、空間が広がらない場所を選ぶ。
- 運動場では、校舎前や用具室前、防砂ネット前など、動くものが目に入らない場所を選ぶ。
- 教師自ら体育座りなどをして、子どもの目線で場所を探す。

5 日光の向きを考えた場所で集合させる

▶どうして日光の向きを考えるのか

　前項では，「目の前に空間が広がらないような場所で話をします」と書きました。しかし，それだけではまだ十分とは言えません。それは，目の前に空間が広がっていなくても，日差しがまぶしい場所では，顔を見ることができないため，話を集中して聞くことが難しいからです。まぶしい場所で話を聞かせることは，集中を妨げるだけでなく，黒板やホワイトボードが見えにくくなるなど，学びにも大きな影響が出てきます。なので，まぶしくないように日光の向きを考えて集合場所を決めてほしいと思います。

▶初めての場所でもきちんと並ばせるには

　日光の向きを考えるということは，午前と午後で集合場所が変わる可能性が高いということです。あまり並んだことがない場所に並ばせるのは，学年が小さくなるほど難しいです。

　どの前に集まるのかについては，この画像のように黒板を置けばわかりやすくなります。さらに列をそろえたければ，黒板の前に線を引き，先頭の子どもの場所を示すとよいです。

✗ 日差しがまぶしい場所で話すと…

顔が上がらないため、話が聞けなくなります。注意される機会も増えます。

○ 日差しがまぶしくない場所で話すと，学ぶ力がアップ！

顔が上がるため、話の聞き方がよくなります。黒板もよく見えて、こつの確認もバッチリです！

「日光の向きを考えた場所で集合させる」のポイント

- 教師がまぶしいと思う方向を探す。
- 午前と午後で，どの向きがまぶしくないのかを確認する。
- 体育座りや気を付けの状態で，どのくらいまぶしいのかについても確認する。

6 集合場所を固定する

▶集合場所を固定するよさとは

　クラスで席替えをしたり，特別教室で授業したりすると，環境が変わるため，子どもたちがなかなか落ち着かないということはありませんか。
　体育の授業は，自分の体を大きく動かしたり，友達と競ったりします。気持ちが落ち着かないと，事故やけがにつながることもあります。そこで，集合場所を固定して，同じ環境の中で，落ち着いた状態で授業が受けられるようにしたいものです。特に，低学年や学習活動に集中して取り組むことができない子どもがいる場合は，集合場所を固定することをお勧めします。
　集合場所を固定することで，子どもたちが落ち着いて授業に参加できるようになったり，教師の指示が少なくなったりします。

▶より多くの条件を満たす場所を探す

　固定する集合場所は，目の前に空間が広がらない場所で，さらに，日差しが当たりにくい場所などの条件が満たされる場所を選ぶことがよいと思います。このように固定化することで，移動式黒板やホワイトボードなどの準備を子どもが進んで行うようになったり，体育ノートや縄跳びなど授業で使うものを置く場所を指定したりして，授業をよりスムーズに進めることができるようになります。個人のノートなどの置き場所については，シールを貼って名簿番号順に指定してもよいと思います。

✕ 集合場所を固定しないと…

時間前に集合・整列ができず、気持ちも落ち着かない子どもが出てきます。

○ 気持ちが落ち着いて，授業がスムーズに進む！

場所の固定によって、子どもの気持ちが落ち着くだけでなく、自主的な動きも見られるようになります。

⋛「集合場所を固定する」のポイント⋚

- 目の前に空間が広がらず，日が当たりにくい場所を選ぶ。
- 移動黒板やホワイトボードを置いて目印とし，場所を覚えさせる。
- 体育ノートや個人の用具を置く場所もシールなどを貼って固定化する。

7 「困っていること」から学習課題をもたせる

▶学習課題は授業で意識できてこそ◯

　「学習課題は，やっぱり子どもから出させた方がいいですよね。教師主導じゃだめですよね」とよく聞かれます。「どっちがいいのか？」と考える前に，学習課題は何のためにあるのかを考えてみれば答えは出ると思います。
　学習課題とは，「学習すべき課題（テーマ）」です。意識されなければ，ただ運動するだけになってしまい，高めたり身に付けたりしたいのは，どんな技能や感覚，体力なのかがぼやけてしまいます。
　では，子どもから出させる（子どもとともに考える）のがよいのか。教師が出すのがよいのか。それは，授業時間中，意識できる出し方であれば，どちらからでもよいと考えます。

▶「子どもから・教師から」の一長一短

　どちらからでもよいと考えたのは，それぞれに一長一短があるからです。
1　子どもから
　○運動していて困ったことをベースに出されるため，意識化されやすい。
　×授業中に話し合うため，課題設定までに時間がかかることがある。
2　教師から
　○短時間で設定できるため，運動時間を確保できる。
　×実態に沿わない課題が設定された場合，意識化されにくい。
　教師のスキル，子どもの実態に応じて変えていくことが大切だと思います。

❌ 学習課題が意識できていないと…

ただ、運動するだけになったり、友達と教え合ったりすることも少なくなります。

⭕ つまずきの把握と必要な技能を予想して、短時間で課題設定！

前時の様子などから、「何に困っているか」「どんな技能が必要となるか」を考えておきます。

「『困っていること』から学習課題をもたせる」のポイント

- 運動していて困ったことを想起させる。
- できるようになりたい動きのイメージをもたせる。
- よりよく動くにはどうすればよいかを考えさせる。
- 動きを想起させるために、ビデオ等の視聴覚機器を活用する。

8 集団行動を身に付けさせる

▶集団行動の必要性と効果

　普段の体育授業・運動会だけでなく，各教科の学習や避難時においても，集団が1つの単位になって秩序正しく，効率よく，安全に行動することが求められる場面があります。つまり，集団行動ができるようになると，活動が今以上に円滑に進めることができるようになります。
　具体的には次のような姿勢が育つと考えます。
①集団の約束やきまりを守る姿勢
②協力性と自己の責任の意識化を図る姿勢
③機敏かつ的確な行動を心がける姿勢
④安全に留意した行動をとる姿勢

▶身に付けさせたい集団行動

　小学校で身に付けさせたい集団行動を挙げます。大まかなポイントとしては，次のことが挙げられます。
・新年度初めに行う。
・「休め・気をつけ・前へならえ」から始める。
・動きを覚えるだけでなく，機敏な動き，並び方など正しい判断ができることに重きを置く。
　また，定着させるために，体育授業において意識して取り組むとともに，体ほぐしの運動で行うなどして定着を図るとよいと考えます。

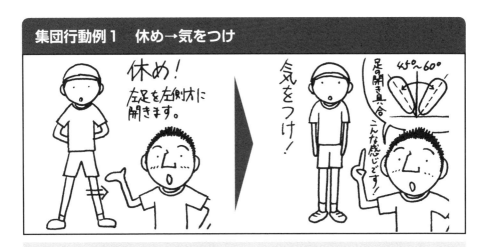

- 「休め」の合図で，左足を左側方に開くと同時に腰のところで手を組む。
- 「気をつけ」は，背筋をぴっと伸ばし，手は体側に。足のかかとを付け45°〜60°に開く。

集団行動例2　前へならえ

「前へならえ」の合図で，前の人の肩幅に合わせて，腕を上げ真っ直ぐに適度な間隔で並ぶ。

集団行動例3　体育座り

背筋を伸ばして，膝を抱えて座る。視線を上げることも意識させる。

集団行動例4　左向け左・右向け右

- 1動作目で，右足のかかとと左足の親指の付け根を軸に90度右の方向に向きを変える。
- 2動作目で「右足のかかと」に「左足のかかと」を引き寄せる。

集団行動例5　回れ右

- 1動作目で，右足先を左足のかかとから離して引く。
- 2動作目で両足先で180度右に回る。
- 3動作目で「右足のかかと」を「左足のかかと」に引き付ける。

- 1動作目で両手を広げて横に広がる。2動作目で両手を前後に広げて縦に広がる。
- 低学年では「1」「2」と声かけし，「1」で横に，「2」で縦に広げるようにするとよい。

▶▶「集団行動」を楽しく学ばせる「号令ゲーム」

「休め」「気をつけ」「前へならえ」「右向け右」「左向け左」「回れ右」を使って，号令どおりに動くことができたら合格となるゲームです。

始めは，「休め」「気をつけ」の2つから始めます。素早く動くことができるようになったら，「前へならえ」など動きを追加していきます。難度が上がるので，子どもたちも夢中になって取り組みます。

ただし，号令を早くかけすぎると，動きが雑になってしまうことがあるので注意してください。

9 「得点化」で競争・協同意識を生む

▶得点化は競争・協同を生む

「何回できたかな？ できた回数が得点になります」と言うと，子どもたちはとたんに，近くの子どもと優劣を競い始めます。

得点化は，競争という手段で自分の一番を出そうとする子どもの姿を引き出します。でも，この段階では他者との競争でしかありません。そこで，「チームでどのくらいできたかな」と問いかけると，チーム内の友達と「すごい！」「どうしたらできたの？」などの認め合い，教え合いが始まります。学級で得点を合計しても同じようなことが起こります。

競争・協同を生む得点化をうまく使っていきたいものです。

▶得点化の効果と留意点

ここでは，得点化に向いている運動は何かや個人・チーム・クラスそれぞれの得点化の効果について述べます。

得点に向いている運動は，「数えることができる運動」であると考えます。例えば，「パス回数」「跳べた回数」「勝った回数」などです。また，個人・チーム・クラスそれぞれの効果は次の通りです。
・個人で：自己評価・前の自分との比較
・チームで：チーム内相互評価・比較・教え合い・チームへの貢献度の自覚
・クラスで：クラス内相互評価・比較・教え合い・クラスへの貢献度の自覚
留意点は，回数を意識させると動き自体が雑になりがちになることです。

✗ 得点化をうまく取り入れないと…

競争をいたずらに生み、動きの習得よりも得点が目的になってしまいます。

〇 得点化をうまく使って、競争と協同を授業に生かす！

個人で多く得点しようとするとともに、チームや学級で教え合うようになります。

「『得点化』で競争・協同意識を生む」のポイント

- 個人では、前回の自分と比べることが目的であることを伝える。
- チームの得点化で、できる子を明らかにし、教え合いを活性化する。
- チームの得点の合計が学級の得点。がんばりを認め合って授業を終える。
- 称賛する際は、大いにほめる。

▶ 場づくりのテクニック

10 用具の準備と片付けは全員で行う

▶全員で行うことの意義

　クラス全体に,「準備(片付け)手伝ってくださーい!」と呼びかけても,いつも同じ子どもしか手伝わないという状況はありませんか。
　1時間の体育の授業は,準備から片付けを含めて成立します。また,授業は全員で行っているという点からも,準備や片付けも全員で行うことを勧めます。
　自分たちの授業の準備や片付けを,みんなで力を合わせてすることで,自主性や協力性を高めます。また,運動の場における動きやすさを考えるようになるなど,自分たちで授業をつくる意識も高めることができます。

▶全員で行うことを定着させるために

　前項で述べたように,呼びかけてもなかなか手伝ってくれない子どもがいます。「ちゃんとしないとだめでしょ」など注意しても,なかなか自分から進んで動くようにはならないと思います。そこで,次のような働きかけをしてみましょう。

・一生懸命に準備や片付けをしている子どもをほめる。
・複数人で協力して準備や片付けをしている子どもたちをほめる。
・授業開始のあいさつをした後に,準備や片付けを行う。
・準備や片付け時間の短縮が運動時間を増やすことにつながることを伝える。

✗ 全員で準備・片付けをしないと…

短時間で準備ができず、運動時間が減ってしまいます。

○ 運動時間が増え，友達と協力する気持ちが高まる！

みんなで行うことで、準備や片付けの時間が短くなり、運動時間を確保できます。

「用具の準備・片付けは全員で行う」のポイント

- 率先して準備と片付けをする子どもをほめる。
- 授業の時間内に準備や片付けを行う。
- 準備や片付け時間の短縮が運動時間を増やすことにつながることを伝える。

11 用具の準備と片付けは図で示す

▶︎言葉による指示の限界

「えっと，この○○をそこの白いラインのところに置いてください」

少ない教具の準備なら，これだけの指示で問題ないと思います。しかし，マット運動や跳び箱運動などで多くの教具を準備する場合は，そうはいきません。

「それは，こっちの赤ラインのところに頼むね」

「あ，それはそこじゃなくて右の白のライン」

「マットの角をそこのラインにそろえてください」

など，言葉で指示しようとすると，このようにたくさんの言葉が必要となります。もちろん1回で指示通りに準備できるわけではないので，時間もかかってしまいます。準備する教具がたくさんあるときは，視覚で捉えられるようにする必要があります。そこで，図に示すことをお勧めします。

▶︎図で示すことのよさ

言葉ではなく，図に示すことにはどんなよさがあるでしょうか。
・少ない指示で準備ができる。
・子どもたちが考えながら準備ができる。
・図を見ながら，友達と協力し合って準備ができる。
・教師は，安全に準備や片付けができているかを確認することができる。

このように，安全に協力しながら，言葉の指示より早く準備ができます。

✗ 準備が多いのに図を示さないと…

指示が多くなり、準備時間も長くかかります。

○ 友達と協力する姿勢が生まれ，運動時間を確保できる！

友達と話し合う姿が見られるとともに、運動時間の確保にもつながります。

「用具の準備・片付けは図で示す」のポイント

- 小型のホワイトボードに書いたり，拡大コピーをしたりして示す。
- 沿って並べるために，ラインを活用する。
- 角を合わせるためには，ラインとラインの交点を活用する。
- 設置する跳び箱の種類や段数なども書く。

12 用具の準備と片付けの時短テクニック

▶早くすれば…雑になります…

「時間がありません！　早く片付けましょう！」
　こんな言葉をかけると，子どもたちの作業スピードは，確実に上がります。しかし，体育用具室への教具の片付け方を見ると，所定の位置に入っていなかったり，そろっていなかったりと乱雑な状態になってしまいます。
　それをそのままにしておけば，教具が取り出しにくくなり，次に使う学年が困ってしまいます。そして，何より，この状態が続くことで，体育用具室は確実に使いにくくなってしまいます。
　教師は，短時間に片付けることができる術を知っておく必要があります。

▶片付けの時短テクニック

　体育の用具を短期間で片付けるには，「そろえる」「箱に入れる」「台車で運搬」「準備時に位置を確認する」といったテクニックが挙げられます。いくつか紹介します。
・体操マットは，体育館の壁を使ってそろえる。
・ミニハードルは，箱に挟んでそろえる。
・ボールかごは，集合場所に出しておく。
・使う教具は，箱に入れて出し入れする。
・重い教具は，台車を使って少人数で運べるようにする。
・重い教具は，台車を移動させて集める。

✗ 時短テクニックを使わないと…

そろえたり、運んだりするのに時間がかかってしまいます。

○ 時短テクニックを使って，てきぱき片付け！

友達との協力によって、安全に、素早く片付けをすることができます。

「用具の準備と片付けの時短テクニック」のポイント

- 壁を使ってそろえる。
- 台車を使って重い教具を運ぶ。
- 台車で重い教具を集める（重い教具は手で運ばない）。
- 用具は箱に入れて運びやすくする。

13 はしご方式のコートで技能差サポート

▶ボールゲームのコートづくりの問題点

　チームで行うボールゲームは，子どもたちにできるだけたくさんの試合を経験させたいものです。ほとんどのボールゲームは，体育館であればフルコートで2面，ハーフコートであれば4面とることができます。
　このように全てがフラットなコートづくりでも全く問題はないのですが，なかなか思い通りに動くことができていない（負けが続いている）チームがどこなのかを把握することが難しいです。
　そこで，私が勧めるのが，はしご方式のコートです。

▶はしご方式のコートとは

　はしご方式のコートは，下図の通りはしごのようにつくられたコートです。ハンドテニスのコートであれば，4m×3mほどのサイズにします。また，ドッジボールコートであれば，強いチームと弱いチームのコートの大きさを変えると技能差に対応できます。

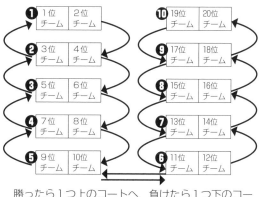

勝ったら1つ上のコートへ，負けたら1つ下のコートへ動く。

✗ 意図せずにノーマルコートにすると…

ただコートをつくるだけでは、運動機会が減り、運動意欲が低下することがあります。

○ はしごコートを使って技能差に対応！

技能差に対応したはしごコートで、個別指導を確実に行えます。

「はしご方式のコートで技能差サポート」のポイント

- 子どもの動きの実態を見て、大きさを決定する。
- ハンドテニスコートは、基本4m×3m。
- ドッジボールのときは、うまくできない子どものコートを徐々に狭くする。
- 個別指導は、うまくできない子どものコートを中心に行う。

14 目的別にコートを設定する

▶ハーフコートとオールコートの違い

　ボールゲームのメインゲームを行う際，ハーフコートとオールコートという2種類のコートを設定することが多いと思います。さて，みなさんは，ハーフコートとオールコートの違いを知っていますか。主な違いは次の通りです。
・運動する広さ：オールコートの方が広い
・運動する人数：オールコートの方が多い人数で運動することが可能
・ゲーム展開：オールコートはスピーディー，ハーフコートはゆっくり
・攻め方：オールコートは速攻，ハーフコートは遅攻に向く
・ゲームの型：オールコートは攻守入り乱れ，ハーフコートは一方通行

▶コート設定は意図をもって

　「速い攻めを身に付けさせたい」と考えているのであれば，オールコートか，ある程度長めのコートでゲームを行う必要があります。また，確実にパスをつないだり，空いているスペースを見付けてどこに動けばよいかを考えたりする場合は，ハーフコートでのゲームを勧めます。
　このように，コート選びは，身に付けさせたい技能や経験させたい動きによって変わります。つまり，教師が意図をもってコートを設定することが大切です。また，ハーフコートゲームを行ってからオールコートゲームなど，コートを変えることで，学びを深めていくというやり方も可能です。

✗ 意図せずにコートを設定すると…

身に付けさせたいと思っている技能が十分に身に付かないことがあります。

○ 意図をもったコート設定で学びを効果的に！

身に付けさせたい技能や経験させたい動きによって、コートの広さを調整します。

〟「目的別にコートを設定する」のポイント〟

- ハーフコート，オールコートそれぞれで身に付けやすい技能を知る。
- 児童の実態，発達段階に応じてコートの大きさ，長さ（縦長・幅広）などを考える。

▶▶ 話し方・声かけのテクニック

15 「、」は少なく,歯切れよく話す

▶▶伝えようとする意識をもつ

　子どもに話すときに,「難しい言葉を使わない」など,意識していることはありますか。私は,自分が話すことは基本伝わるものだと思っていました。でも,いざ話してみると伝わらなかったことが何度もありました。
　そこで,私は,授業のビデオ等で自分の話し方を振り返ってみました。すると,「一文が長い」ということがわかりました。「〇〇して,△△して,□□するんだよ」という話し方をしていたのです。これでは伝わらないなぁと思いつつ,伝えようとする意識をもつことは大切であると実感しました。

▶▶一文で１つの内容を伝える

　一文が長いと内容がぼんやりとしか伝わりません。何を高めていくのか・どう動けばよいのか・何をすればよいのかなど,大切なことが伝わらず混乱を招きかねません。
　そこで,一文で１つの内容を伝えることを意識することをお勧めします。例えば,リレーのやり方を説明するという場面であれば次のように話すとよいでしょう。
・次の人へのバトンタッチは右手でして,その後,列の後ろに並んで,友達の応援をしましょう。
　→次の人へのバトンタッチは右手でします。タッチしたら列の後ろに並びます。そして,友達のことを応援しましょう。

✕ 「、」が多すぎると…

どのポイントが自分の課題なのかがわかりにくく、教え合いもしにくいです。

○ 「。」を多くし，一文を短くすると，わかりやすさがアップ！

自分がすることだけでなく、何をしてから何をするかという順番も伝わります。

〜「『、』は少なく，歯切れよく話す」のポイント〜

- 「〇〇します」というように，一文に1つの内容で話す。
- 「次に」「そして」などのつなぎ言葉を使って，順序も伝える。

16 注目のさせ方・惹き付ける話し方

▶話す前に大切なのは「注目させること」

子どもを注目させるときに,「はい。みなさんいいですか」などの言葉を話す先生は多いと思います。このような言葉の他に,注目させる働きかけはしていますか。「話す」以外もありますがご了承ください。
・今行っている行動をいったん止めさせる。
・話す前に立ち位置を変える。
・「今から大切な話をするよ」などしっかりと聞いた方がよいと思うような前置きをする。

▶子どもを惹き付ける話し方

注目を集めたら,話し始めますが,同じ速さや同じトーンでは,子どもはすぐに話を聞かなくなります。そこで,次のような話し方で子どもを惹き付けましょう。
・わざと小さい声で話す。
・強弱をつけて大事な部分がわかるように話す。
・身振り,手振りなど動きをつけて話す。
・「ここが重要なんだけど」など,強調する言葉をつけて話す。

さらに,伝えようとしている内容に関わる子どものつぶやきも拾って,やりとりしながら話すと,子どもの関心はより一層高まります。
このようにして,先生の話を聞こうという気持ちを高めましょう。

✗ 淡々と話し続けると…

話に飽きて聞かなくなったり、大事なことが伝わらなかったりします。

○ 声の強弱＋身振り・手振りで子どもたちを惹き付ける！

声に強弱をつけてポイントを強調し、身振り・手振りで状態や大きさを伝えます。

「注目のさせ方・惹き付ける話し方」のポイント

- 話をする雰囲気をつくる（行動を止めさせる・立ち位置を変える）。
- わざと小さい声で話して耳を傾けさせる。
- 声に強弱をつけて話してポイントを強調する。
- 身振り・手振りを加えて，イメージをもたせる。

17 目線の高さを使い分ける

▶目線の高さは，「伝えようとする姿勢の表れ」

　みなさんは，子どもに話すとき，目線の高さを意識していますか。
　「上から目線」という言葉があるように，目線が高くなればなるほど，強い印象を与えます。逆に低くなれば，フラットな感じになっていきます。つまり目線の高さは，「伝えようとする姿勢の表れ」と言えます。
　このように，目線の高さを授業の中で使い分けることも，話し方の大切なポイントの１つであると考えます。

▶目線の高さの使い分け

　どのように目線の高さを使い分けるか。私は，このようにして目線の高さを変えています。

1　高い目線で話すとき
　・学習課題を設定したり，本時のまとめをしたりするとき。
　・動きのポイントを説明するとき（短い時間）。
　・全体の人数や状況などを把握するとき。
2　同じ目線で話すとき
　・動きのポイントを説明するとき。
　　※時間がかかる場合は，首が痛くなるので目線の高さを同じにする。
　・子どもたち同士をかかわらせる場面でアドバイスするとき。
　・子どもの思いを聞いたり，支援したりするとき。

✗ 目線の高さを使い分けないと…

聞くことを苦痛にさせたり、一方的に言い聞かせる感じにしてしまいます。

○ 目線の高さを変えて、聞きやすい状態に！

話す時間が長くなるときや子どもに助言するときは、目線の高さを合わせます。

〜「目線の高さを使い分ける」のポイント〜

- 強く言い聞かせたいとき、状態を把握したいときは、少し上から見るような目線の高さで話す。
- 心を落ち着けて（安心して）話をさせたいときは、同じ目線にする。

18 「イメージ言葉」で動きのイメージをもたせる

▶︎ 指導はイメージをもたせることが大切

　指導する際には動きのイメージをもたせることが大切…当たり前だと思った先生も多いことと思います。

　子どもたちに動きのイメージをもたせるために，私たちはいろいろな工夫をしています。例として，「示範・試技」「VTR」などが挙げられます。しかし，授業中におけるその場に応じた指導については，イメージを伝える言葉が主になることが多いです。

　つまり，私たちは，イメージを伝える言葉を使えるようになる必要性があると言えます。

▶︎ イメージ言葉を使って動きを高める

　イメージ言葉とは，「どのようにすればよいのかというイメージがつく言葉」です。例えば，次のような言葉です。
- 手と足が床から離れる瞬間があると跳び前転になるよ。
- お腹と背中に力を入れると壁倒立が安定するよ。
- 脇をぎゅっと締めてお腹に力を入れるとだんごむしができるよ。
- 頭より腰を高く上げると回転できるよ。
- 相手の方におへそを向けるとその方向にボールをレシーブできるよ。
- 膝が鉄棒まで上がったときに腕をぎゅっと曲げると逆上がりができるよ。

　このようなイメージ言葉は，子どもの技能を高めるのにとても有効です。

✕ イメージ言葉を使わないと…

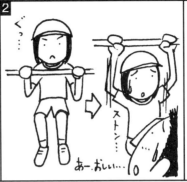

動きのイメージがつかめず、もう少しのところでできない場面が増えます。

○ イメージ言葉を使うと動きが具体的に伝わる！

どのように体を使えば動きができるようになるかなど具体的に伝えます。

「『イメージ言葉』で動きのイメージをもたせる」のポイント

- 力の入れ具合、目線、タイミングなどを伝える。
- 体の部位の伸ばし方、曲げ方などを伝える。
- できなかった場合は、「どこがどうなっていたか」や「どこまでできていたか」を伝える。

19 見せる・聞かせる姿勢を使い分ける

▶見聞きさせるときは,立って? 座って?

　示範や試技を見せるときや指導するとき,みなさんは,子どもを座らせることが多いですか。それとも,立たせることが多いですか。

　ほとんどの先生は,「そのときの状況に応じて」と答えることと思います。私も同じ答えです。ただ,どんなときに立たせて,どんなときに座らせるかを意図しているかどうかが大切であると考えます。

　ここでは,立たせた状態がよい場面と座らせた状態がよい場面について述べたいと思います。

▶「立」がよいとき・「座」がよいとき

　私が,子どもたちを立たせたり,座らせたりするのは,発達段階と時間の長さに大きくかかわります。例えば次のようなときです。

1　立たせるとき
　・短時間で指導するとき。
　・試技を後ろで見せるとき。※その後,指導するときは座らせる。
2　座らせるとき
　・課題やルールを設定したり,学習のまとめをしたりするとき。
　・示範や試技を前で見せるとき。
　・時間がかかるような指導になるとき。

　下学年の場合は,「立」でも「座」でも短時間で行うことを基本とします。

✕ 「立」「座」を意図して使い分けないと…

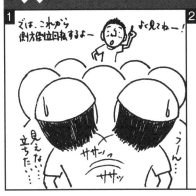

集中して動きを見たり、話を聞いたりしなくなることがあります。

○ 「立」「座」を意識して、集中できる状態に！

「よく見ることができる」「よく聞くことができる」状態にすることができます。

「見せる・聞かせる姿勢を使い分ける」のポイント

- 教師が話す時間が短いときは立ち、長いときは座る。
- 示範や試技を見せるとき、前は座り、後ろは立つ。

第2章 ○✕マンガでわかる！ 体育授業マネジメント50 61

20 一斉指導はタイミングを図る

▶▶一斉指導は難しい

　みなさんは，授業中にどんな指導をしますか。個別指導，チーム（グループ）指導，クラス全体への一斉指導などさまざまな指導の仕方があります。
　私は，その中でも「一斉指導」が特に難しいと思います。難しいと思う理由は，「タイミング」です。どの場面で活動を止めるかの見極めが難しいからです。さて，みなさんはどのタイミングで一斉指導をしていますか。ここでは，そのタイミングについて述べていきたいと思います。
　今回取り上げる一斉指導とは，授業中指導したり共通理解したりする必要があると思われたときや示範・試技を見せるときを指します。

▶▶一斉指導の効果的なタイミング

　一斉指導も意図をもって行うことが大切です。さて，どのタイミングで一斉指導すると効果的なのでしょうか。子どもを１か所に集めるときは（○），集めないとき（その場で指導するとき）は（△）で示します。
①初めて行う運動，ゲームなどについて説明するとき（○）
②ルールがよく理解されていなかったとき（△）
③新たに追加されたルールについて共通理解するとき（△）
④多くの子どものつまずきが見られたとき（示範必要：○　不必要：△）
⑤よい動きができている子どもの試技を見せるとき（○）
　※⑤のときは，どこから見せるかも伝えます。

✗ 必要のないときに一斉指導を行うと…

運動意欲を低下させたり、動きの高まりを妨げたりすることがあります。

○ タイミングを見極めて，よりよく動ける状態に！

多くの子どもが困っていて、動きの習得が難しそうなときは、すぐに指導します。

「一斉指導はタイミングを図る」のポイント

- 動き方やルールの理解などで，困っている子どもが多いとき。
- うまく動くことができない子どもが多いとき。
- （よりよく動ける子どもを増やすために）上手に動くことができる子どもに試技をさせるとき。

21　1回に1つの内容を指導する

▶1回の指導で1つの内容を伝える

「子どもをもっとよくしたい！」と思っている先生は多いことでしょう。私も同じです。私の場合，その思いが強すぎて，1回にたくさんのことを伝えてしまうことがあります。みなさんはいかがですか。私は，指導する際，「1回の指導に1つの内容」を意識しています。その理由は2つあります。
①1回の指導でいくつも聞かされても動きに生かしきれない。
②1つの指導で動きがよくなると，他の動きもよくなることがある。

▶一番の改善点を伝える

もう1つ指導するときに意識していることがあります。それは，一番の改善点だけを伝えることです。具体的には，次のように伝えています。
1　逆上がりで脇が空く子どもに
　・もっとぎゅっと脇を締めてみよう！
2　パスをもらえない子どもに
　・さっき，敵がいない場所見つけられた？
　・友達にパスしたら，すぐにパスがもらえるところに走ってみなよ。
3　守備で動けない子どもに
　・ボールが落ちてきそうなところに動いてみよう！
　そのためには，子どもの動きから，つまずきの一番の原因をつかむことが大切です。見つけることは難しいですが，徐々にできるようになります。

❌ 1回の指導で多くのことを伝えると…

指導された内容を生かすことができず、動きがよくならないことがあります。

⭕ 1回の指導で一番の改善点を伝えて、「できる」を増やす！

子どものつまずきをクリアできる指導で、意欲と技能を向上させます。

「1回に1つの内容を指導する」のポイント

- 子どもの動きを見て、つまずきの原因をつかむ。
- 1回の指導で1つの内容を伝えることを意識する。
- つまずきをクリアできる一番の改善点を伝える。

22 具体的にほめる

▶ただほめる・ただ認めるだけでは…

　私は，意識していなかったのですが，授業中，多くの子どもに「いいね！」「ナイス！」と言っていました。肯定的な言葉かけなので，子どもの運動意欲の向上は多少あったものの，技能面の向上はありませんでした。
　理由は，ある子どもの授業の振り返りで明らかになりました。「先生のいいねは何がいいねだったのか分からなかった」と書かれていました。
　私は，衝撃を受けました。自分のほめには，具体性が全くなかったのです。それ以来，具体的にほめることを大切にしてきました。

▶「ほめる」ということ

　「ほめる」とは，おだてることではありません。よさを伝えて，本人に気付かせることだと思います。ここでは，私のほめ方の具体をお伝えします。
・タタンのリズムで足を蹴り上げるのがいいね。あとは，膝が鉄棒の上に来るようにしてみよう。
・一番遅くなったけど，足を使わずに腕だけで進んだあなたは，一番の運動量で体を鍛えていた人だよ。
・腰が上がるようになってきたね。踏み切り板を両足で強く踏み切れるようになってきたのがよかったよ。
　私は，どの動きがよかったのかを具体的にほめることが「本当のほめ」であると思います。

❌ ただほめるだけになると…

運動意欲が高まらず、よりよい動きを求めようとしなくなります。

⭕ 具体的な「本当のほめ」で意欲アップ！

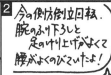

うまく動けることだけがよさではないことを伝え、運動意欲を高めます。

「具体的にほめる」のポイント

- ねらいに迫る動きだけがよい動きではないことを意識する。
- 「効率よく動く」だけでなく「一生懸命動く」こともよさであることを意識する。
- 非効率的な動きは、一番体力を使っているよい動きであることを意識する。

23 ほめる視点を多くもつ

▶ 子どもを乗せるのは「ほめる」ということ

　前述の通り，教師の具体的な「ほめ」は，子どもの運動意欲を高めます。私は，ほめることが得意ではありません。しかし，ほめることを練習することによって，少しずつできるようになりました。
　ここでは，体育授業にとどまらず，「ほめる」ということを上達させるにはどうすればよいかということについて述べます。

▶「ほめる」を上達させる

　ほめることをどうやって上達させるか。これは，毎日取り組むしかありません。私の勤務校は，「1日ほめ100回」という目標を掲げています。強調週間というものもあり，職員全員が「ほめ」を意識してきました。その中で，私は，このようにして上達させてきました（体育以外もあります）。
①「1日ほめ100回」で，クラス全員をほめることを日頃から意識する。
②日頃から，成果だけでなく，過程でもほめるところを探す。
③「気付きのよさ」をほめる。
④「一生懸命な姿」をほめる。
⑤「効率的な動きのよさ」をほめる。
⑥「体の部位の動かし方」をほめる。
⑦「力の入れ具合や動きのタイミング」をほめる。
　※⑤〜⑦は体育授業で特に意識してきたほめの観点です。

✗ 学びに対するほめが少ないと…

自分のよさやがんばりが見えず、学習が停滞することがあります。

○ 具体的なほめは、学ぶ意欲と学びを深める！

自分のよさを感じながら、また、学習意欲を高めながら、学びを深めることができます。

「ほめる視点を多くもつ」のポイント

- 成果だけでなく、過程にもよさを見出す。
- よいと思ったことは、すぐ本人に伝える。
- 体育においては、体の部位の動かし方だけでなく、力の入れ具合やタイミングなど、動きのポイントに出てこないところに注目する。

24 具体的に叱る

▶体育で叱るのはどんなとき？

　体育で叱る場面について考えてみました。経験から思い浮かぶのは，「①用具の準備の際，だらだらしている・準備しない子どもがいる」「②本時の運動が苦手で，あまり運動しようとしていない」「③適当に運動している」「④友達の運動の邪魔をしている」という場面です。

　その中で，すぐに叱るのは，「④友達の運動の邪魔をしている」子どもに対してです。それは，人の学びを阻害しているだけでなく，友達にけがをさせることもあるからです。

　ほかの①から③も，そのままにしておくことはよくありません。ここでは，そのような子どもたちをどのように叱る（指導する）かについて述べます。

▶叱るときは，根拠を明らかにする

　前出の①〜④の場面の叱り方について書きます。このように伝えます。
①準備はやる気の表れです。本気で準備できる人は，本気で運動する人です。
　あなたは本気ですか？　本気で準備をしましたか？
②運動はすればするほどうまくなります。しないということは，うまくなり
　たくないという意思表示です。本当によいのですか？
③自分の体の動きはそこそこでよいということですか。もったいないです。
④自分だけでなく，他人もできなくさせたり，けがなどの危険な目に遭わせ
　たりしています…すぐに止めます。

✗ 叱っている根拠が伝わらないと…

子どもは何が悪いのかわからないため、どうすればよいのかわからず困ります。

○ 根拠を明らかに叱って即改善！

その子どものどんなところがよくなかったのか。これを確実に伝えます。

「具体的に叱る」のポイント

- よくないところを伝える。
- なぜよくないのかという理由を明らかにする。
- 本当にそれでよいのかということを問いかける。

25 示範・試技は見る観点を明らかにする

▶示範・試技を行う理由

　体育授業では，示範や試技を行うことが多いです。みなさんは，いかがですか。行っているのであれば，どういう意図をもって取り入れていますか。
　私は，示範や試技は教師や友達のよい動きを見ながら，動きのこつを探させたり，どうすればできるようになるかを考えさせたりするときに行うことが多いです。
　示範・試技を授業で行う際は，どんなことをつかませるのかという意図をもつことが大切です。そして，示範・試技を有効な手立てに高めるためには，見る観点を明らかにすることが大切です。

▶見る観点を明らかにする

　一連の動きを見ても，できていることはわかるものの，体のどの部分がどうなっているからできているのかをつかむことは難しいです。
　そこで，どこを見るかを伝えることを大切にしてほしいと思います。逆上がりを例にすると次のようになります。
①示範・試技の前に，「蹴った足の振り上げる方向」について聞く。
　※「ここを見てください」と見てほしい部分を伝えてもよいでしょう。
②子どもの試技（よい動き）を見せる。
③教師の示範（よくない動き）を見せる。
④振り上げた足の方向の違いを考えさせる。

✕ ただ示範や試技を行っていると…

動きの流れは何となく把握できるくらいしかつかめません。

○ 見る観点を明らかにして動きのポイントをつかませる！

よい動きとよくない動き、よい動きと自分の動きを比較するようになります。

「示範・試技は見る観点を明らかにする」のポイント

- 子どもの動きの課題を把握する。
- どこをどうすれば動きがよくなるかを考える。
- どこから見ることで動きの違いがよくわかるか考える。

26 示範・試技は見せ方を意識する

▶示範・試技が有効に働かないとき

　せっかくの示範や試技も，何を見せるかという観点が明らかになっていないと有効ではないということは前項でお伝えした通りです。
　それ以外に，もう1つあります。それは，よい動きとそうでない動きの違いがよくわからないときです。つかませたい動きとの差を明らかにできるように動くことが大切です。

▶動きの見せ方

　示範や試技では，よい動きを見せたり，よくない動きを見せたりすることがあります。そのためには，いくつかのポイントがあります。
①動きのポイントを知る。
②その中でつかんでほしい動きのポイントをおさえる。
③動きをつかみやすい場所に移動させる。
　※横から見せるのか，正面から見せるのかなど考える。
④ゆっくり，大きく動く。
⑤よい動き，よくない動きの両方ができるようにする。

　また，教師が見せるだけでなく，VTRなどの動画を見せながら説明を加えることも有効です。動画は，スローで見せたり，何度も見せたりできるのが特によい点です。

✕ 示範・試技の見せ方がうまくないと…

どんな動きがよい動きなのかというイメージ化を図ることができません。

◯ 気付かせたい動きをオーバーに見せる！

動きのポイントがつかみやすくなり、よい動きがイメージしやすくなります。

「示範・試技は見せ方を意識する」のポイント

- 動きがつかみやすい場所に子どもを移動させる。
- ゆっくり大きく動く（ややオーバーに）。
- 教師自ら行う他にVTRなどを活用する。

> 学び合いのテクニック

27 チームで行う運動の学びの基本

▶▶体育授業は，協同学習の要素が多い

　協同学習とは，チームで協力しないとできない課題を学習に組み込むことで，子どもの学力だけでなく，社会性や友達関係の改善に効果がある指導技法です。競争ではなく協力・協働に価値をおいています。

　チームで…と言うと，ボール運動におけるチームプレーをイメージする先生も多いことでしょう。でも，それだけではないのです。個人で行うイメージが大きい陸上運動や器械運動においても，動きを見合ったり，動きの課題を伝え合ったりといった友達同士の教え合いが行われています。つまり，体育は協同学習の側面が大きいと言えます。

▶▶チームで学ぶことが崩れる２つの原因

　協同学習では，目標を共有し，そのために役割を分担します。そして，互いに協力し合い，成果を共有するチームとなることが求められます。はじめは，このように学習を進められていたのに，徐々にチームがバラバラになっていったということがありませんか。私は，その原因は２つあると思います。
①共有する目標についての意識が低い→１人で運動している
②勝ちにこだわりすぎている→チームの友達を責める・雰囲気の悪化
　①はチームで協力しなくてもできる運動になっているのかもしれません。また，②はどうすれば勝てるのかに目が向いていないことが考えられます。
　チームで学ぶことのよさをいつでも確認することが大切です。

✗ チームで学ぶ姿勢が崩れると…

技能が伸びないだけでなく、運動の楽しさも薄れるため、意欲も低下します。

○ チームで学ぶことのよさをいつでも確認する！

協力することでわかることやできることが増えることを伝え続けます。

⟫「チームで行う運動の学びの基本」のポイント⟪

- チームで行う運動を意図的に取り入れる（個人→チーム）。
- 「みんなで楽しく運動すること（チームで）」「みんなが楽しく運動すること（一人一人全員が）」の大切さを伝える。

28 個性を生かしたチームをつくる

▶どんなグルーピングがよいのか

　グルーピングというと「ボール運動」など，チームで運動する際に必要とされるイメージがありますが，個人で行う運動においても，友達同士で見合ったり，教え合ったりするので，チームで運動するものと考えた方がよいと思います。
　さて，ではどんなグルーピングがよいのか。もめないようになど人間関係を考えて組んでいる先生も多いことと思います。私は，人間関係より技能を高めることができるグルーピングを大切にしています。

▶ドラマのあるグルーピング

　私のグルーピングは，技能・体力・体格・発言力の差があります。そうすることで，一人一人の個性が際立つからです。ですが，もめることもあり，学習を進めるごとにチームになっていくため，「ドラマのある」という表現をしました。私のグルーピングのポイントは次の通りです。
・「普通」という分類をせず，一人一人のよさ（特性）を明確にする。
・技能・体力・体格・発言力がバラバラなメンバーを選ぶ。
・グループ間が等質になるように分ける。
　年間を通して，同じグループで学習を進めることもよいですが，等質にするのは難しいと考えます。私は，ゲームごとにチームを決めて，それを他の領域のグループ分けに活用しています。

✕ 意図せずにグルーピングしたり，人間関係にとらわれすぎると…

チームに大きな差が生まれたり，チームをなかなか組めなかったりします。

○ 一人一人の個性が生きるようにグルーピング！

チーム内で一人一人のよさが認められ，チーム内の教え合いが活性化します。

「個性を生かしたチームをつくる」のポイント

- 一人一人のよさ（特性）を明らかにする。
- 男女・技能・体力・体格・発言力を考慮してグルーピングする。
- チーム内でもめることは教え合いの活性化につながると考える。

29 その場で等質なチームをつくる

▶分けても「不利！」「友達と一緒じゃない！」

　数年前の新年度初めの体育の授業で，動物走りリレーを行うためにチーム分けをしました。分けてみると，「えー，不利！」「〇〇さんと一緒じゃないからやだ！」など不満のオンパレードでした。

　仲間づくりゲームをすると，子どもたちは，仲のよい友達と組むことを第一に考えていました。そんな子どもたちが驚いたのが，ここで紹介する「その場でチームづくり」です。

　子どもの予想を大きく外し，ほぼ等質のチームをつくることができるチームのつくり方を紹介します。

▶その場で等質チームのつくり方

　仲間づくりゲームの1回目で5人ずつ組ませて，全体の人数を把握します。30人だとすれば，次の2回目で，6人ずつ組ませます。

　6人組が5チームできたら，動物走りが速い順に並べ替えさせます。1列目はそのまま，2列目は2番を先頭に，3列目は3番を先頭に，というように並べ替えます。

　教師は横に移動して，チームを確定させます。横向きにすると，5人ずつ6組できます。しかも，各列の1番〜6番の子どもが順序よく組み合わせられます。縦が横になったことで，子どもたちは予想外の展開に驚きます。

①体育館を走り回らせ，教師が手を打った数の友だちとグループをつくる。	②足が速い順に並ばせる。
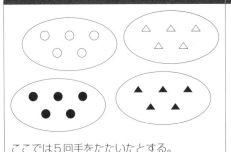 ここでは5回手をたたいたとする。	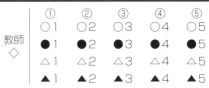 もしクラス替え直後だったら，足が速そうな順に並ばせる。 子どもたちは教師に向かって縦に並んだ列がチームであると思っている。
③各列の番号を1つずつずらして並ばせる。	④教師は横に移動し，チームを発表する。
 4人組をつくらせる場合。 子どもたちは，まだ教師に向かって縦に並んだ列がチームであると思っている。	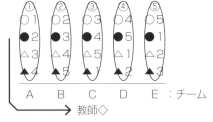 もちろん完全に等質グループにはならない。

「その場で等質なチームをつくる」のポイント

- 1回目の仲間づくりゲームで，全体の人数を把握する。
- 2回目の仲間づくりゲームで，作りたいチーム数で組ませる。
- できたチーム内で，うまく動ける順に並ばせる。
- 横列の前に行くと，ほぼ等質チームのできあがり。

30 目的別に話し合いの人数を設定する

▶話し合いの効果

　話し合いは何のために行っているのでしょうか。私の体育授業における話し合い・教え合いは，単に技能向上のためだけのものではありません。話し合わせることで，自分の体との対話，数人の友達との対話，クラスの友達全員との対話ができるようになります。つまり，対話は，自分の体や友達とのコミュニケーションを生むのです。
　コミュニケーションが生まれると，話し合いや教え合いは活性化します。また，技能も高まります。

▶話し合いの人数設定

　話し合いの人数設定の仕方はいろいろあります。子どもの実態や運動の特性によって，話し合いの人数を決めることが大切だと考えます。

ペアトーク　　　：友達と1対1。相手意識をもって会話できるので，コミュニケーションが取りやすい。
グループトーク：2人以上4人から5人で対話する。多様な考えに触れることができるので，より考えを広げたり，深めたりすることができる。
クラストーク　：全体の場で考えを発表・交流すること。多様な考えを共有し合うことができ，全員の考えを広げたり深めたりすることができる。

✕ 効果を考えずに人数設定をすると…

人が多くて話がまとまらなかったり、少なすぎて広がらなかったりします。

○ 学習の場面に合った人数設定で効果アップ！

1人で行う運動、チームで行う運動などによって、話し合う人数を設定します。

「目的別に話し合いの人数を設定する」のポイント

- 1人で行う運動、話し合いに慣れていない場合はペアトークから始める。
- ゲームの場合は、グループトークを行う。
- 学習課題設定、授業のまとめでは、クラストークを行う。

31 話し合いの内容を設定する

▶「話し合いましょう！」の前に

　子どもたちに「さあ，話し合ってください」と言ってもなかなか話し合えるものではありません。子どもたちにしてみれば「ムチャぶり」としか言いようがありません。
　そこで，話し合う前に，「何について話し合うのか」「話し合いの話題はどのように見付けるのか」について確実に伝えることが大切です。
　ここでは，体育授業で話し合いを活性化させるために伝えてほしい「話し合いの観点」について述べたいと思います。

▶話し合いの内容いろいろ

　話し合いは，場当たり的に話し合いを行わせるのではなく，授業のはじめ・なか・おわりにおいてどんな話し合いの観点があるかを知っておくとよいと思います。

はじめ：前時の授業で困ったこと，学習課題設定，挑戦する動き（技），
　　　　チームの作戦
なか　：自分の動き（技のできばえ），チームの作戦に関わる動き，
　　　　自分やチームの動きの改善・強化，ゲームのルール
おわり：自分の動き（技のできばえ），チームの作戦に関わる動き，
　　　　ゲームのルール，学習課題に対するまとめ

✕ 場当たり的な話し合いを行わせると…

ただ話し合いを行っているだけになるため、話し合い自体が形骸化します。

○ 動きを高めるための話し合いに絞って行わせる！

「今の動きはどうなっているか」「どうすればできるようになるか」が話題になります。

≋「話し合いの内容を設定する」のポイント≋

- 学習課題や自己・チームの課題を常に意識させる。
- なかにおいては、できばえだけでなく、どうすれば動きを強化できるかについて考えさせる。
- おわりには、運動して困ったことについて聞き、次時につなげる。

32 話し合いの形を使い分ける

▶どんな話し合いをねらいますか？

　体育授業における話し合いの形は，大きく2つに分けることができます。
①車座になって話し合う。
②立って話し合う。
　運動教材にもよりますが，みなさんが理想としている話し合いの形はどれですか。個人的には，①も話し合いの観点が明確であればよいのですが，できれば，②ができるようにしたいと思っています。そのねらった話し合いの形にしたいのであれば，そうなるように仕掛けていく必要があります。

▶それぞれの話し合う形のよさ

　①②ともに，そのままでは有効とは言えません。しかし，もう1つ要素を加えることで，①②それぞれの話し合いのよさが出てきます。
①の場合
　・学習課題など追求することが明らかになっている。
　・学習カードやホワイトボードなど話し合いの中心となるものがある。
②の場合
　・動きを加える。
　また，これらの要素を定着させるためには，「話題の中心を大切にした話し合い」「ホワイトボードの活用」「友達の動きを真似する」など，普段の授業から行うとよいと考えます。

✕ 話し合う形のよさを意識せずに話し合いをすると…

動きを確認するときに、座ってイメージを話し合うだけになってしまいます。

○ よさを意識すると，効率よく話し合いが進む！

言葉を探すときは車座になり、動きを探すときは立って話し合うなど使い分けます。

≋「話し合いの形を使い分ける」のポイント≋

- 座って話し合う，立って話し合うよさを味わわせる。
- 座って話し合う際は，話題を焦点化して話し合わせる。
- 立って話し合わせる際は，動きながら話し合わせる。

33 声のお手伝い(応援・かけ声)でかかわりをつくる

▶声がもつ力

　「みなさんの応援の声に励まされ…」「『がんばれ!』という声で…」というスポーツ選手や子どもの声を聞いたことがあります。
　私は,声には「見えない力」があると思います。それは精神的支えのようなものかもしれません。でも,それが「カウント」「タイミング」など,具体性をもったとき,それは,精神的支えではなく,声による動きの補助(ここでは「声のお手伝い」と言います)へと発展していると考えます。
　ここでは,「声のお手伝い」について述べていきます。

▶声のお手伝い

　声のお手伝いは,低学年時から取り入れていきましょう。そして,少しずつ発展させていくことが大切です。
・「がんばれー!」(応援)…運動全般
・「1,2,3,4…」(カウント)…姿勢をキープする運動など
・「イチ,ニ! イチ,ニ!…」(ペース)…運動全般
・「ハイ! ハイ!」(タイミング)…縄跳び運動など
・「せーの,ハイ!」(タイミング)…器械運動など
・「右空いてる! 今!」(タイミング)…ボール運動など
　声のお手伝いは,友達の動きを見て行わせます。こうすることによって,友達の動きを見てアドバイスしたり,補助したりするようになります。

✗ 声のお手伝いがないと…

子ども同士のかかわりが少なく、授業の盛り上がりが今ひとつです。

○ 声のお手伝いで，子ども同士のかかわりがたくさん！

子ども同士で動きを見合ったり、アドバイスし合ったりするようになります。

「声のお手伝いでかかわりをつくる」のポイント

- 定着するまでは，教師がリードして声を出すように伝え続ける。
- 自主的に声を出した子どもをほめるとともに，全体に紹介する。
- 「ここでは，どんな声でお手伝いしようか」と問いかける。

34 手（動き）のお手伝いで「できる」を引き出す

▶︎動きの補助（手のお手伝い）の必要性

　運動の補助を体育授業で行っている先生は多いことと思います。では，どうして補助つきの運動をさせているのでしょう。また，補助つきの運動を行うことで，どうして「できる」へと近づくのでしょう。

　できない動きができるようになるためには，動きのポイントを知ったり，その動きにつながる基礎技能を身に付けたりするだけでは足りないと考えます。その動きを経験することで，運動のポイントに合わせて自分の基礎技能をどう生かすのかを理解することができます。

　その動きを経験させて，「できる」状態にするために，補助付きの運動を行います。

▶︎動きの補助のポイント

　具体的な動きについての補助の例は，たくさんあるため書ききれません。そこで，動きの補助をするために意識してほしい3つのポイントについて伝えます。
①安定させた方がよい体の部位を固定する。
②曲げた方がよい関節をおさえる。
③重みがかかる体の部位を支える。
　子どもには，けがをしないような補助の仕方を伝えます。1人では支えきれないなどの状態であれば，補助の人数を増やします。

✕ 補助がないと動きの楽しさが経験できず…

練習をする張り合いがなくなり、意欲が低下し、できるようにもなりません。

○ 補助つき運動で「動きのポイント」と「動き」をつなぐ！

お手伝いで、補助される子どもも補助する子どもも動きのこつを見付けます。

「手のお手伝いで『できる』を引き出す」のポイント

- ていねいに補助の仕方を伝える。
- うまい補助をしている子どもを紹介する。
- 補助していて，補助されていてわかったことを紹介し合う。
- 力がかかる体の部位を支えることを一番に意識させる。

35 声と手のお手伝いで「できる」「わかる」を引き出す

▶声と手のお手伝いの効果

　お手伝いの効果は何か。p88～91でも述べてきましたが，子どもを「できる」に近づけるのに有効であることだと考えます。
　その他にも効果があります。それは，お手伝いしながら，子どもが動きとタイミングなどを理解するようになることです。また，このお手伝いを大切にすることは，考えて運動するという学びの姿勢にもつながると思います。
　お手伝いには，もう１つ「声と手のお手伝い」があると思います。私は，この声と手のお手伝いも意識して行わせていきたいと考えます。

▶声と手の有効な組み合わせ

　声と手の組み合わせで大切なことは，文章化できることと文章化できないことを組み合わせることです。例えば，このような組み合わせです。
1　動き＋タイミング
　・長縄：ハイ・ハイのかけ声に合わせて肩にタッチする。
　・こうもり振り：「イーチ！　ニー！」の声で体を振らせ，下りられる位置に手を出してタッチさせる。
2　動き＋リズム・ペース
　・バタ足：ババババという声を出しながら足を持って動かす。
3　動き＋体の姿勢・体の部位の角度（足の上げ方，腰の上がり具合など）
　・逆上がり：せーの・タタンの声で上がった足をつかんで引き上げる。

✕ 声と手のお手伝いがないと…

どこで力を入れたらよいかなどがわかるまでに時間がかかることがあります。

○ 声と手のお手伝いで「できる」と「考えて運動する」に近づく！

運動ポイントに書かれていないタイミングなどを考えて運動するようになります。

「声と手のお手伝いで『できる』『わかる』を引き出す」のポイント

- 声と手の補助のよさを伝える。
- 子どもたちがどんな声をかけているかを見取る。
- 動きやすい声をかけながら補助をしている子どもを紹介する。
- 声と手でお手伝いしている子どものやり方をみんなで真似する。

> カード・掲示・ノートのテクニック

36 学習カードのポイントは3つに絞る

▶運動のポイントの絞り方

　動きができるためには，動き方（ポイント）を頭や体で理解していることやいくつかの運動感覚や基礎的な動きが定着していることが必要になります。

　授業においてよく取り上げられるのは，動き方のポイントです。みなさんは，できるようにさせたい技があるとき，いくつくらいの運動のポイントを提示しますか。私は3つくらいに絞っています。それ以上になると，多すぎて意識できないことがあるからです。

　また，絞り方については，絶対に外せないポイントが明らかな場合はそれに絞ったり，子どもの運動感覚や基礎的な動きの定着などの実態や状況に応じて絞ったりするとよいと思います。

▶ポイントの絞り方の例

　側方倒立回転を例にします。他の書籍などを見ると，5～7くらいのポイントが示されていますが，私はその中から3つに絞ります。ポイントの数は，その動きが成立する最小数に絞るようにしています。絞るだけでなく，組み合わせることも大切にします。絞る観点は，「はじめ・なか・おわりから1つずつ」「倒立に関わること」の2つです。
・ポイント1　手を振り下ろし，勢いよく足を振り上げる
・ポイント2　両手に体重を乗せて，手と手の間を見る
・ポイント3　足をのばしたまま手を押し放す

✕ ポイントが多すぎると…

どのポイントが自分の課題なのかがわかりにくく、教え合いもしにくいです。

○ ポイントを絞って，自分の動きに生かせるように！

3つに絞ることで、ポイントを意識して運動しやすくなります。

「学習カードのポイントは3つに絞る」のポイント

- 運動のポイントを調べ，1つの動きにまとめられるものを探す。
- 絶対に外せない（これができないと動きはできないと考えられる）ポイントを探す。
- 3つ程度に絞る。

37 学習カードの画像はポイントに合わせる

▶どんなイラスト・画像を選ぶか

　動きを習得するためには,動き方を理解していることが大切であることは,前項で述べた通りです。では,動きをとらえやすくするために,どのようなイラストや画像を選べばよいでしょうか。ポイントは大きく2点あると考えます。
①できるようにさせたい一連の動きがわかる。
②手や足の向き,目線がわかる。
　こうすることによって,「どのように動くのか」と「細かい部分の動き」について理解することができます。

▶画像にひと工夫する

　「画像にひと工夫?」と思った方もいることでしょう。画像は一連の動きがおさえられていればよいと述べました。しかし,それでは流れを理解するだけで終わってしまいます。
　ここでは,ちょっとしたことで効果を高めることができる「ひと工夫」を紹介します。キーワードは「3つのポイントとリンクさせる」です。
①3つのポイントの部分を○で囲む。
②3つのポイントに関わることの画像を大きくする。
　こうすることで,「意識しましょう」と言わなくても,子どもたちは意識することでしょう。

✕ 授業の進め方に沿った画像でないと…

着目させたいポイントとのズレが生じ、画像を生かしきれなくなります。

○ 大切にするポイントに合わせて画像も強調!

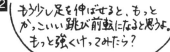

「どこを大切にすればよいのか」がわかり、動きに生かしやすくなります。

「学習カードの画像はポイントに合わせる」のポイント

- 取り上げたい動きがある画像を選ぶ。
  ※教師の試技の動画をキャプチャーすることもよい。
- 着目させたい動きを○で囲んだり、大きくしたりする。

38 場づくりの掲示では効果を示す

▶掲示物も意図的に

　体育授業における掲示物には,「学習課題などの授業の流れ」「運動のポイント」「場の設定の仕方」「場の説明」などいろいろな種類があります。

　掲示物は,子どもが動きを理解するのにとても有効です。ただ,授業者が意図をもって作らないと子どもの実態に合わなかったり,ねらいに合っていなかったりして,スムーズな学びにつながらないことがあります。

　ここでは,子どもの学びに有効な掲示物について紹介したいと思います。

▶場を選ぶ授業に最適な掲示物

　場の作り方を示すだけでは,自分の動きを改善したり,高めたりすることができる場をつくることができているどうかわかりません。

　特に,子ども同士で学び合う授業を行おうとする場合,どんな場をつくることで,どんな効果があるのかを明らかにすることを大切にしてほしいと思います。

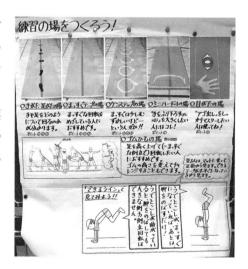

✗ 場のつくり方だけの掲示物ではただ運動するだけ…

どんな動きが身に付くのかがわからず、ただ運動するだけになってしまいます。

○ 場の効果を明らかにすると、場づくりを考える子どもたちに！

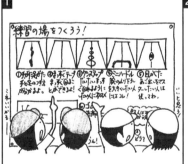

自分の課題に合った場をつくるだけでなく、場を組み合わせるようにもなります。

＞「場づくりの掲示では効果を示す」のポイント ＜

- 動きのポイントに合わせて、それができるようになる場を考える。
- その場がどんな動きを高めることに有効かを考える。
  ※試してみて、確実かどうか確かめることが大切。

39 掲示物は学びの中心を明らかにする

▶本当に使える掲示物とは

　1時間，1時間，授業が進むごとに学習したこと（学習課題とそのまとめなど）を掲示している先生もいることと思います。それだけでもすばらしいことです。ただ，子どもたちにとって使える掲示になっているかどうかを考えてみてほしいと思います。

　理想的な掲示物は，そこに記された今までの学びをもとに，子どもたちがより高い技能を身に付けたり，より深く思考したりするものです。

　ここでは，子どもの学びに生きる掲示物について紹介します。

▶学びの中心を意識付ける

　学びに生かせる掲示物…私は，学びの中心を明らかにした掲示物であると考えます。「ハンドテニス」では，状況に応じて動くことが大切であると考え，ラリーの流れを中心にした掲示を作りました。

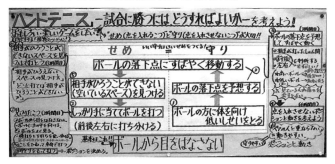

✕ 1時間ごとの授業をまとめただけの掲示は…

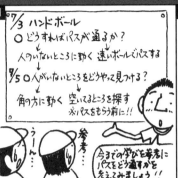

困ったときにどこを見ればよいかがわかりにくく、次時に生かしにくいです。

◯ 学びの中心を明らかにして、身に付けたい技能やつまずきに生かす！

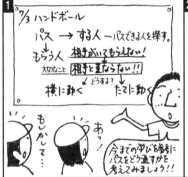

この動きには、どんな技能と思考・判断が必要なのかがわかりやすくなります。

≶「掲示物は学びの中心を明らかにする」のポイント≷

- 単元を通して身に付けさせたい動きをいくつか挙げる。
- その中で最も大切にしたい動きを選ぶ。
- 単元を通して1枚の掲示にまとめなくてもよいので、その動きだけの掲示を作る。

板書で授業の見通しを示す

▶体育授業における板書の必要性

みなさんは，体育授業で黒板（ホワイトボード）を使っていますか。中には，運動時間の確保のため，黒板を使わない先生もいるかもしれません。

私は体育授業においても板書は必要であると考えます。それは，何をするかがわかったり，学習課題を視覚から意識付けたりすることができるからです。

さて，体育授業における板書はどんなことを書けばよいのでしょう。

▶板書の内容

私の体育授業の板書は次の通りです。主に書いているのは，「日付」「体育総時数」「単元名・時数」「学習内容」「学習課題」です。「まとめ」は，個人のノートに記述することが多いため，必要に応じて書きます。

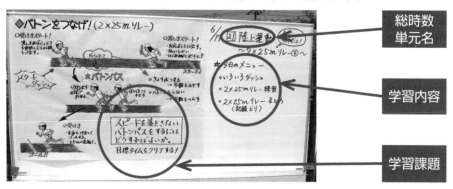

✗ 意図しない板書をしていると…

子どもの考えや学びが整理されず動きに生かしにくい板書になります。

○ 意図的な板書は，考えながら運動する体育授業の入口！

「どんな運動をして，何を高めるのか」がわかり，考えて運動するようになります。

「板書で授業の見通しを示す」のポイント

- 書く内容を時間，領域によって大きく変えない。
- 学習課題は枠で囲むなど強調し，意識付ける。
- 毎時間続けて，子どもを授業スタイルに慣れさせる。

41 体育ノートで蓄積・定着させる

▸体育ノートの必要性

　みなさんは，体育でノートを使っていますか。私は，10年ほど前から体育ノートを使っています。体育ノートを使ってよかったことが3つあります。
①動き（学び）を蓄積させることができた。
②できるようになるためにどう動くかを意識する子どもが増えた。
③学習課題とまとめ・振り返りを意識させることができた。
　体育ノートを使うことは，「考える体育」を支える要素の1つとなります。この体育ノートは，私にとってなくてはならないものです。

▸体育ノートのつくり方

　では，体育ノートのつくり方について紹介します。私は，次のことを大切にしています。
①学習課題を必ず書く。
②「できたこと（で）」「わかったこと（わ）」「感想（か）」の3観点で書く。
　※わかったこととは，できてわかったことはもちろん，できなかったけどわかったことも書く。
③必要に応じて絵や図を描き入れる。
④学習カードや資料もノートに貼る。
　下学年は，「学年1行」「感想のみ」でよいと思います。それは，徐々に感想の中に，できたこと・わかったことに関する記述が出てくるからです。

✗ 体育ノートがないと…

どうすれば動くことができるようになるのかについての考えがもてません。

○ 体育ノートを使って，動き（学び）の蓄積と考える体育の定着を！

運動のこつを探したり，以前の学習で学んだことを想起させて，動きに生かすようになります。

「体育ノートで蓄積・定着させる」のポイント

- できたこと，わかったこと，感想の3観点で書く。
- 絵や図を入れて，後から見てもわかるようにする。
- 箇条書きでわかりやすく書く。
- 下学年は学年1行の感想を基本にする。
  ※感想にできたことやわかったことがあったら取り上げる。

体育ノート例①

> 4/12
> ① 体つくり運動 ①
> ★今日のメニュー　　自分の体の状態を
> ・いろいろ走り　　　知ろう
> ・クマ・クモ・カエル・ウサギ　　②今日の運動で使た動き
> ・カンガルー・アザラシ　　・さかさ　・うで支持
> ・よじのぼり　　・バランス（・手足の合わせ）
>
> ⑦ できた動き→クモ　後半に前半以上の速
> 　　　　　　　　　さを出せたので良か
> 　　　　　　　　　った
> できなかった動き→カエル　手を大きく前に出す
> うさぎ　と手首がいたくなっ
> たので次は、手を後
> ろにはらう。
>
> ⑰㊎
> ㋻ ぼくは、体が軽かった。春休みの間に
> 野球やおにごっこをしていて良かった
> と思いました。
> 逆さの状態もキープ出来たので良か
> たです。
> 初めての体育で心配だったけど上手く
> 出来て良かったです。
>
> すごいね。
> とてもよい状態ですね!!

　新年度最初の授業のノートです。この日は，体つくり運動を行い，自分の体の状態を知ることを学習課題としました。いろいろ走り（動物走り）をして，できた動きとできなかった動きを明らかにしました。

体育ノート例②

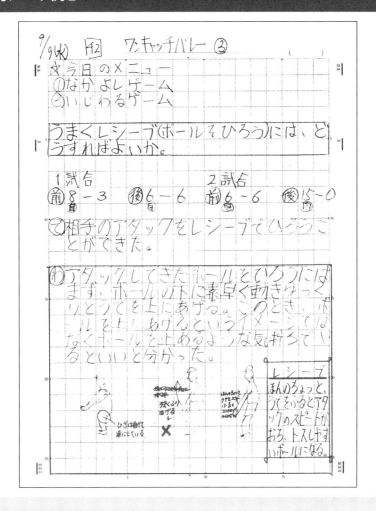

　ネット型ゲームのノートです。子どもたちは、アタックを決めるためには、よいトス、何より正確にレシーブすることが大切であることに気付きました。その気付きをこの時間の学習課題としました。

> 評価のテクニック

42 技能はチェックで評価する

▶技能評価はいつ行うか

　みなさんは，技能評価をどのように行っていますか。器械運動などを例にすると，「テスト」「発表会」という時間が設定されていて，そこで評価が行われることが多いように思います。では，ボール運動では，どのように技能評価をしていますか。

　1時間の授業のたびに，子どもたちの技能評価を行うことは，どれだけ充実した授業であったのかや授業の修正点を知る上でとても有効であると思います。でも，なかなか難しいです。

　私も難しいと思うのですが，できるだけ技能評価を記録するようにしています。ここでは，効率的に技能評価するアイデアについて述べていきます。

▶技能評価はチェック方式で

　先述の通り，技能評価はなるべく多くの子どもに対して行えるとよいと思います。そこで，名簿にその時間の技能面の項目を書き，チェック方式で記入できるようにするとよいと考えます。

　私は，画像のように小さいファイルを用意しています。授業中に携帯し，子どもの動きを即時評価できるようにしています。中にはクラス名簿を入れておき，1時間で1枚使うことを基本としています。

✗ 技能を即時評価しないと…

子どもの技能の習得状況がわからず、授業を修正できません。

○ 技能を即時評価して，次時の授業をよりよくする！

子どもの技能の習得状況を把握し、次時をより技能を高める授業にします。

「技能はチェックで評価する」のポイント

- 学級名簿に本時の評価項目を事前に記入する。
- 授業では名簿を携帯し，即時評価する。
- 評価する子どもを事前に決めておくなど計画的に評価する。

43 思考・判断はエピソードで評価する

▶思考・判断の評価の難しさ

　技能は，動きとして発言することが多いため評価は比較的しやすいと思います。それよりも評価が難しいのは，思考・判断の評価についてだと思います。それは，思考・判断の評価は，頭の中で考えていることも含まれているため見えにくいからです。
　では，みなさんは，どのように思考・判断の評価をしていますか。多いのは，学習カードや体育ノートの記述で評価するというものでしょう。しかし，私はそれだけで十分とはいえないと思います。やはり，授業の中で評価をすることが必要です。

▶思考・判断の評価はエピソードを記述

　思考・判断の評価は，エピソード記述が適していると思います。子どもが運動しているときに，思考・判断している様子が見られることがあります。それを先述のクラス名簿に併せて記入します。
　さて，どんなことを記述すればよいのでしょうか。私は，次のように記述しています（紹介するのは，実際の評価記述です）。
・「どこに走ればパスがもらえるか理解〇。敵のいないところに走った」
・「フライを捕ってもゴロと同じなのかなどルールを考えていた」
・「友達の動きから，かえるの足うちの足はお尻より高い方がよいことに気付いた」

✕ 思考・判断を即時評価しないと…

子どもが動きについて考えたことや気付きが見えません。

○ 思考・判断の様子を評価して、考えて運動する子どもを把握！

子どもがどんなことを考えて運動しているのかを把握して、授業に生かせます。

≋「思考・判断はエピソードで評価する」のポイント≋

- 学級名簿の技能評価と併せて行う。
- 授業で見られた「考えて動く」様子を記述する。
- 評価する子どもを事前に決めておくなど計画的に評価する。

領域別・授業づくりのテクニック

44 体つくり運動領域

▶体つくり運動は「動きつくり」が出発点

「どうやって進めればいいかわからない」という声が多いのが体つくり運動の授業です。私も同じでしたが，「体つくり運動は動きつくり」と捉えることで，子どもの動きを増やす授業を考えることができるようになりました。

動きをつくることは，できることが増えること。そして，動きをつくることにより，体力も向上させることができる…体つくり運動は，体を動かすことの楽しさを感じさせることを大切にしている領域であることがわかります。

▶11の大切にする動きを定着させる

体つくり運動は，多くの動きを身に付けることが大きな目的です。どんな動きを身に付けていくかを学校全体で共通理解することがとても大切です。私の勤務校では，11の大切にする動き（運動感覚含む）を設定しています。

①腕支持	②逆さ	③回転	④バランス	⑤体幹の締め
⑥柔軟性	⑦走る	⑧跳ぶ	⑨投げる・捕る	
⑩蹴る	⑪用具操作			

これらの動きの定着をねらって体つくり運動の授業を行います。そうすると，「今回は，どの動きを定着させよう」と意識して授業を行うため，ただ運動させるだけの授業ではなくなります。

✗ ただ運動するだけの授業を行うと…

ただ動くだけでは、動きのこつを考えて運動するようにはなりません。

○ どうすれば動くことができるようになるかを考える！

一人で考えさせるだけでなく、友達と運動させることにより教え合いが生まれます。

「体つくり運動領域」のポイント

- 身に付けさせたい動きを設定する。
- どうすれば動くことができるかを考えさせる。
- 動きを友達と見合ったり，動きのこつを教え合ったりする。

45 器械運動領域

▶▶器械運動の理想的な展開

　器械運動の特性は，個人の技能を発揮するところや克服型の運動（他人との競争ではなくて，できなかったことができるようになることに基本的な課題がある）であるところです。また，個人の技能差があるため，一斉に学ばせることが難しい運動の1つであると言えます。
　だからこそ，自ら進んで運動し，行った後にその運動の楽しさを味わった満足感が伴うように学習させたいものです。

▶▶器械運動領域は基礎感覚がツボ

　器械運動には，鉄棒・マット・跳び箱の3つがあります。それぞれの運動における授業づくりのツボは，「取り上げる技とそれにつながる基礎感覚づくり」であると考えます。次に器械3運動の技の必要な基礎感覚と感覚づくりの運動例を紹介します。

　逆上がり　　　→必要な基礎感覚：腕支持，逆さ，バランス
　　　　　　　　→感覚づくり：だんごむし，後転，タオル逆上がり
　側方倒立回転　→必要な基礎感覚：腕支持，逆さ，回転，体幹の締め
　　　　　　　　→感覚づくり：補助倒立，壁倒立，倒立後横に片足着地
　かかえ込み跳び→必要な基礎感覚：腕支持，体の投げ出し
　　　　　　　　→感覚づくり：うさぎ跳び（平地→ミニハードル→跳び箱1段），馬跳び

✕ どんな基礎感覚を培っているのか意識しないと…

どんな基礎感覚が身に付いたかがわからず、できるまでに時間がかかります。

◯ 基礎感覚の定着の把握と感覚づくり運動の設定で、できるにつなげる！

その子どもに必要な基礎感覚を培う運動を行い、短時間でできるにつなげます。

「器械運動領域」のポイント

- 技に必要な基礎感覚を把握する。
- 子どものつまずきから、必要な運動感覚を把握する。
- 運動感覚を身に付けさせることができる運動を多く取り入れる。

46 陸上運動領域

▶陸上運動の主な特性と授業づくりの難しさ

陸上運動の主な特性は次のように言うことができます。
・走る速さや跳んだ高さ・距離を競い合ったり，自分の目指す記録を達成したりすることの楽しさや喜びを味わうことのできる運動である。
・「速く走る」「遠くあるいは高く跳ぶ」ことなどを課題とする個人的な技能の組み合わせによって成立している運動である。

陸上運動は，短距離走であればスタート・中間疾走・ゴールという局面に分けることができますが，走るという一連の動きで指導しがちです。そのため，技能を高めることができないまま授業を終えることもあります。

▶動きを絞り，他の運動につなげる

私は，取り上げる動きを絞ったり，共通した動きを他の陸上運動に生かすことが大切だと考えます。具体的にどのように動きを絞り，他の運動につなげるのかについて触れたいと思います。具体例は次の通りです。

短距離走　：スタートダッシュに重点をおきます。スタート後すぐにスピードを上げることを目指します。
リレー　　：スタートダッシュの学びを生かして，スピードを落とさないバトンパスを目指します。
走り幅跳び：走り出しで助走スピードを上げ，その勢いを生かして力強く踏み切ることを目指します。

✕ ただ走る・跳ぶだけの陸上の授業になると…

できた楽しさを感じる機会が減り、運動意欲の低下につながります。

○ 一連の運動の中から，身に付けさせたい動きを絞る！

動きのこつがわかるだけでなく、動きが絞られるため、教え合いが活性化します。

「陸上運動領域」のポイント

- 身に付けさせたい動きを絞る。
- 身に付けさせたい動きが他の陸上運動に生かせるかどうかを調べる。
- 身に付けさせてきた動きを想起させながら他の陸上運動を行う。

47 水泳領域

▶水泳を教えるのは難しい？

　「10時間程度の授業時数では，なかなか技能を高められないですよね」という声をよく耳にします。私は，水泳ほど学年ごとの積み上げが大きく影響する領域はないと思います。水遊び－浮く・泳ぐ運動－水泳と発展していく中で，確実に技能を身に付けるからこそ，高学年において，泳法を身に付けることができるのだと思います。
　教えるのが難しいと感じるのは，「何を・どのように身に付けさせればよいのか」がわかっていないからだと考えます。

▶水泳領域の3つの柱

　楽しませながら，技能を高めることができれば最高ですが，なかなかうまくはいきません。授業をつくる際は，それぞれの学年で次のことを柱とするとよいと考えます。また，「けのび」を十分に行うことによって，浮く→浮いて進む→泳法へとスムーズに進めることができると考えます。
低学年：水と遊ぶって楽しい
・水慣れ，浮く・もぐる必要性のある楽しい運動を取り入れる。
中学年：浮く・進むのって気持ちいい
・いろいろな浮き方，呼吸とバタ足をつないで楽しく泳ぐを経験させる。
高学年：泳法を身に付けて泳ぐって楽しくて気持ちいい
・クロール，平泳ぎの泳法を身に付け，リレーなどで楽しく泳ぐ。

✗ 泳法指導に偏った授業を行っていると…

浮く・もぐることの心地よさを味わえず、トレーニング的な授業になります。

○ 浮くこと，もぐることの心地よさを十分に味わわせる！

泳法指導の前に、浮く・もぐる心地よさをたっぷり経験させます。

〜「水泳領域」のポイント〜

- もぐること，浮くことを大切にする。
- もぐる，浮く動きに，呼吸の仕方を加えて指導する。
- 中，高学年は浮いて進むことを大切にする。

48 ゲーム領域

⇒ゲーム領域で身に付けさせたい動き

　ゲーム領域は，ゴール型・ネット型・ベースボール型という３つの型に分けられます。得点することは共通していますが，主な学習課題と身に付けさせたい動きは型ごとに多少違います。
・ゴール型：パスをつないでゴールを決める（パス・シュート・キープ）
・ネット型：相手が拾えないところにボールを落とす
　　　　　　　　　　　　　　　（サービス・パス・アタック・フェイント）
・ベースボール型：守備のいないところにボールを打つ（打つ・投げる・捕る）
・共通する動き：ボールを持たないときの動き
　　　　　　　　　　　（ボールを操作する前の動き・守備の動きなど）

⇒授業づくりのこつは「型ごとの練習ゲーム」

　基礎技能を習得させる練習を行うだけでは，技能は身に付いても意欲は高まらないことがあります。そこで，私は，本番ゲームにつながる練習ゲームを設定することが有効であると考えます。
・ゴール型：パスをもらったら，すぐパスかシュートかを判断するゲーム
　　　　　　（パスがもらえてシュート可能な位置を見付ける技能も高める）
・ネット型：落下点を予測して相手が打ちやすいボールを返すラリーゲーム
・ベースボール型：遠くや守備のいないところにボールを打つゲーム
　　　　　　　　　　　　（打ってから走るなどの技能も高める）

❌ 基礎技能を高める練習ばかり行うと…

トレーニング的になってしまい、運動意欲が低下することもあります。

⭕ 練習ゲームで楽しく運動しながら技能を高める！

身に付けさせたい技能を高め、本番ゲームでも抵抗なく動くことができます。

「ゲーム領域」のポイント

- 本番ゲームに必要な動きを挙げる。
- 本番ゲームに近い形で、動きが複雑になりすぎないようにする。
- 練習ゲームに動きを付け足しながら発展させるようにする。

49 表現運動領域

▶表現運動の難しさ

　表現運動は，目指す動き方が決まっているわけでもなく，用具や器具もあまりありません。あるとすれば，先生の声がけとリズム伴奏です。つまり，何をどのようにするかなど，教師のアイデアが出やすい領域であると言えます。だからこそ，先生方は，抵抗感や難しさを感じるのだと思います。

▶表現運動領域の授業づくりのツボ

　表現運動が苦手な私でも，表現運動を子どもたちと楽しんでできるのは，次の5つのことを大切にしているからです。
①教師自ら表現を楽しむ（楽しい授業の雰囲気をつくる）
②まねっこ遊び（進化ジャンケン・新聞紙マン・表現カルタなど）で心と体をほぐす
③イメージ言葉（風が吹く→風がヒューヒュー吹く）を使って動きの感じを伝える
④スタンディングトークで動きながら話し合う
⑤4つのくずしで楽しみながら動きを広げる
　　・体：体の部位をいろいろ動かす（ねじる・回るなど）
　　・場：方向や場の使い方を変化させる（人のいないところに動くなど）
　　・リズム：一定ではないリズムをとる（速く・遅く・急停止など）
　　・かかわり：人との距離，位置を変える（離れる・くっつくなど）

✗ 子どもを動かすことばかりに目が向くと…

表現する楽しさを感じることができなくなり、動きも次第に小さくなります。

○ 教師が子どもと表現を結ぶ！

教師が進んで表現することで、表現の楽しさを感じながら動くようになります。

「表現運動領域」のポイント

- 教師自身が表現することで楽しさを伝える。
- イメージ言葉で動きの感じをつかませる。
- 4つのくずしの視点を使って動きに広がりをつける。

50 保健領域

▶「こうしないとこうなるよ」からの脱却

　保健の授業をしていると，「健康的な生活行動をしないと心や体の状態が悪くなってしまいますよ」という言い方で説明することが多いように感じます。実際その通りなので問題はないのですが，「こうしたら，こんなによいことがあるんですよ」というように，もう少し前向きによい生活行動を身に付けさせたいものです。
　ここでは，そのためにどんなことを柱として保健学習を進めればよいかについて述べていきたいと思います。

▶保健領域の授業づくりのツボ

　保健の授業をつくるにあたっては，知識のつめこみにならないようにすることと，こうしないとこうなるよと言わないことを大切にしましょう。そして，次のことを意識して授業を考えていくことで，子どもが意欲的に取り組む授業を行うことができると考えます。
①必ず教えることをおさえた上で，何を教えるのかを明確化します。
②知識を活用する学習活動では，科学的な思考と正しい判断の下に意志決定や行動選択を行い，思考力・判断力を育てます。
③「健康貯金（健康によいことをしたらポイントプラス・逆の場合はマイナス）」でよい生活行動を心がけようとする意識を高めます。

✕ 「健康によいことをしないと悪いことが起こる」という言い方だと…

自分から進んで「健康的な生活を送りたい」と前向きに考えなくなります。

◯ 不健康になる理由と向き合って考えさせる！

「わかっているけどできない」だけど、健康的な生活を目指す姿勢をもつようになります。

≶「保健領域」のポイント≶

- 「健康的な生活」の押し売りをしすぎない。
- 子どもの「したいけどできない」現状を共感的に受けとめる。
- 体によいことを１つでもすれば、健康に近づくことを伝える。

おわりに

　「はじめに」でも書いたように，私はスポーツで活躍してきたわけではありません。短距離走が遅く，運動会の徒競走ではいつもビリでした。体型もスリムではなかったので，鉄棒も苦手でした。縄跳びも二重あや跳びのようなテクニックを要する跳び方はできませんでした。
　私は当時，「どうすればできるようになるか」などと考えることはありませんでした。ただやみくもに運動するだけでした。そして，何度やってもできないため，意欲が低下し，諦めることが多くありました。

　私が「考える体育」を行う原点はここにあります。考えて運動することにより，動き方がわかったり，できる兆しが見られたり，できることが増えたりします。動きを考えることは，「動きのこつ（力の入れ具合やタイミングなど）」をつかむ近道であると考えました。
　ただ，その考える体育授業を行うためには，運動について知るだけでなく，楽しく運動させる工夫や教えたり，思考させたりする技能など主に授業マネジメントや学習規律を学ぶ必要がありました。
　楽しく運動しながら技能を高める体育授業…そんな素敵な授業を行う先生に出会いました。それが，元筑波大学附属小学校教諭の木下光正先生でした。
　木下先生の授業を参観させていただいて私は驚きました。子どもたちは，楽しく運動するだけでなく，１時間の授業の中で，動き方を考えながら，技能を高めていたのです。私は，できるようになることが当たり前のように展開される木下先生の授業に衝撃を受けました。
　その授業に大がかりな場や目新しい教具はありませんでした。木下先生は，子どもの実態を見て指導や助言を行ったり，子どもが運動することに困らないために配慮したりしていました。実は，その頃の私は，木下先生の授業のすごさが具体的にわかりませんでした。何度も授業を見させていただいて，ようやくわかるようになったのです…（苦笑）。
　以来15年間，木下先生から，研究会や研修会で授業を見させていただいた

り，私の授業や論文についてご指導をいただいたりしました。さらに，研修会後の時間でも体育授業のマネジメントや指導方法について教えていただきました。話すたびに，木下先生の「体育授業をよりよくしようとする姿勢」に感銘を受けました。今の私の体育授業のスタイルは，そんな木下先生の影響を大きく受けています。

　さらに，木下先生は，私にたくさんの体育の先生方と知り合う機会を与えてくださいました。そのおかげで，全国の体育の先生方とのつながりが広がりました。

　全国の体育の先生方の話はとても刺激的で，「基礎的な運動技能や運動感覚を身に付けさせる必要性」や「体育の各領域で学ばせたいこと」，「魅力的な運動教材は何か」など，体育授業改善のヒントをたくさんいただきました。

　「木下先生のような授業がしたい！」「全国の体育の先生方の話がわかるようになりたい！」という思いは，私にとって体育について学んでいく原動力となりました。

　まだまだ体育について知らないことばかりの私ですが，最近は，自分が今まで学んできたことを他の先生方や後輩たちに伝える機会が増えてきました。恩返しの気持ちをもって，できるだけ授業に生かすことができるように分かりやすく伝えようと心がけています。今後も，授業実践を積み重ね，木下先生をはじめ，多くの先生方から教えていただいたことを文章や実技，授業を通して伝えていきたいと思います。

　最後に，執筆をお声がけくださった明治図書の佐藤様，また，出版に向けてサポートしてくださった明治図書の坂元様，誠にありがとうございました。おかげさまで，自分の体育授業についての考え方を形にすることができました。心より感謝申し上げます。

2016年4月

　　　　　　　　　　　　　　新潟市立山田小学校　小林　治雄

【著者紹介】
小林　治雄（こばやし　はるお）
1972年新潟生まれ。関東短期大学卒業。新潟市立山田小学校教諭。新潟市マイスター教員。新潟学校体育研究会幹事長。研究教科は体育。共著に『マンガで直伝！　学級にやる気を生み出す「癒やし」「和み」ワザ』（明治図書）がある。

体育科授業サポートBOOKS
○×マンガでわかる！　体育授業が必ずうまくいくマネジメント術

2016年5月初版第1刷刊 ©著　者	小　林　治　雄	
2019年7月初版第4刷刊 発行者	藤　原　光　政	
発行所	明治図書出版株式会社	

http://www.meijitosho.co.jp
（企画・校正）坂元菜生子
〒114-0023　東京都北区滝野川7-46-1
振替00160-5-151318　電話03(5907)6702
ご注文窓口　電話03(5907)6668

＊検印省略

組版所　株式会社カシヨ

本書の無断コピーは，著作権・出版権にふれます。ご注意ください。

Printed in Japan　　ISBN978-4-18-216022-6
もれなくクーポンがもらえる！読者アンケートはこちらから　→